事業者必携

権利侵害を許さない
商標・商号・意匠・ドメインの法律と手続き

法律事務所　オーセンス
弁護士
元榮太一郎 監修

三修社

本書に関するお問い合わせについて
本書の内容に関するお問い合わせは、お手数ですが、小社
あてに郵便・ファックス・メールでお願いします。
なお、執筆者多忙により、回答に１週間から10日程度を
要する場合があります。あらかじめご了承ください。

はじめに

　世の中の大半の製品やサービスには名前がつけられています。あたりまえのことかもしれませんが、企業にも「○○株式会社」というように名前がつけられています。名前をつけることで他の物と区別をすることができ、他の商品と混同してしまうことを防ぐことができます。このように、製品やサービスに名前をつけることをネーミングといいます。

　ネーミングは商品やサービスの第一印象ともなります。より好印象のネーミングの方が消費者に好まれますし、商品のブランド化にも役立ちます。現代では会社自らが積極的にブランド価値の創出に努めていくブランド戦略が、とても重要になってきています。

　その反面、ネーミングを侵害されると、取引の安全に悪影響を与えますし、企業のブランド価値が低下するおそれもあります。企業は新製品やサービスの開発をするにあたり、ネーミングを保護する制度や侵害されたときの法的手段について知っておかなければなりません。

　企業の名前や製品・サービスのネーミングを保護する制度には、商標登録や商号登記といった制度があります。

　ブランド自体は目で見ることができないため、会社が創り上げたブランド価値を消費者に効果的に訴えるためには、何らかの媒体が必要となります。そこで、有効なのが目でとらえることができるマークを商標として登録しておくことです。また、会社の名前を商号といいます。商号は商号登記簿に公示しなければならない事項であり、商号を変更するような事態が生じたときには変更登記をしなければなりません。

　本書は、会社の商号や製品・サービスのネーミングを保護する商標や商号制度について解説しています。意匠やドメイン、不正競争防止法など、ネーミングの保護と深くかかわる法律知識についてもあわせてとりあげています。

　本書をご活用いただき、企業の商号、ネーミングの保護に役立てていただければ、監修者としてこれに勝る喜びはありません。

　　　　監修者代表　法律事務所オーセンス　代表弁護士　元榮 太一郎

Contents

はじめに

第1章　商標・商号・意匠・ドメインの基礎知識

1　ネーミングに関わる権利にはどんなものがあるのか　　10
2　ブランドを守るには商標登録をする　　14
3　工業製品のデザインを守る意匠権とはどんなものか　　17
4　商号と商標の関係を知っておこう　　21
5　ネーミングやドメインを保護するさまざまな法律がある　　23

第2章　商標権のしくみ

1　商標として認められるのはどんなものか　　26
2　商標における先願主義について知っておこう　　28
3　商標権を得るためにはどうしたらよいのか　　29
4　使用する商標が登録できる　　31
5　商品および役務の区分について知っておこう　　35
6　もっと区分について知っておこう　　39
7　類似性の判断はどのようにするのか　　42
8　称呼に関する商標調査の方法を知っておこう　　45
9　図形に関する商標調査はどうするのか　　47
10　区分の確定をする　　49
11　出願前にはここをチェックする　　51
12　他人のマークとの抵触を防ぐにはどうすればよいのか　　53
13　登録ができない商標とはどんなものか　　57

14	普通は無理でも有名になると登録が可能	62
15	小売等役務商標制度について知っておこう	64
16	使用されていない登録商標を使いたい場合にはどうすればよいのか	67
17	登録商標を少し変形して使うことは許されるのか	68
18	結合商標の一部にだけ使用権を設定することはできるのか	69
19	登録商標であることの表示は必ずしなければならないのか	70

第3章　商標出願の手続

1	商標登録出願の方法を知っておこう	72
	書式 商標登録出願 願書	73
2	出願から登録までの流れを知っておこう	79
3	電子出願とはどんな手続なのか	84
4	立体商標について知っておこう	87
5	団体商標・地域団体商標について知っておこう	89
6	地域団体商標制度を有効に活用しよう	92
7	方式審査と補正命令について知っておこう	95
8	実体審査と拒絶理由について知っておこう	98
9	拒絶査定が行われたらどうすればよいのか	101
10	登録査定がなされたら登録料を納付する	104
11	商標登録証が交付されたらどうする	106
12	商標公報を見た人が異議申立てをすることもある	107
13	防護標章とはどんな制度なのか	109
14	他人が商標を使用してもかまわない場合とは	110
15	商標権は財産として活用できる	112
	書式 商標権譲渡契約書	113
	書式 商標権譲渡証書	114

16 専用使用権と通常使用権とはどのようなものか　　115
　　書式 商標使用許諾契約書（専用使用権）　　118
　　書式 商標使用許諾証書（専用使用権）　　122
17 更新することで商標権を存続できる　　123
18 登録に問題があるときはどうすればよいのか　　125
19 国際登録出願はどのようにすればよいのか　　126
20 重複登録商標を更新するにはどうすればよいのか　　129
21 国際分類への書換申請はどのようにすればよいのか　　130

第4章　商号のしくみと登記手続

1 商号と登記について知っておこう　　132
2 商業登記の効力と種類について知っておこう　　135
3 商号区の見方を知っておこう　　137
4 株式会社の設立時に商号を決める　　139
　　書式 商号調査簿閲覧申請書　　142
5 商号に使用できる文字について知っておこう　　143
6 登記申請書を作成してみる　　144
7 申請書の記載方法を知っておこう　　146
8 印鑑証明と印鑑登録について知っておこう　　148
9 登記申請書の添付書類について知っておこう　　149
10 登記申請から完了までの流れをつかんでおこう　　151
11 申請書の取下げについて知っておこう　　154
12 登記事項証明書を取得するにはどうしたらよいのか　　155
13 商号の変更手続について知っておこう　　158
　　書式 総株主の同意書サンプル　　161
14 商号変更登記の申請書類の書き方について知っておこう　　162

書式 登記申請書（商号の変更）	165
書式 登記すべき事項を磁気ディスクで提出する場合（商号の変更）	166
書式 株主総会議事録（商号の変更）	167
書式 印鑑（改印）届書	169

15 商号と目的を同時に変更する場合の変更登記手続き　170
　　書式 登記申請書（商号と目的の変更）　171
　　書式 登記すべき事項を磁気ディスクで提出する場合（商号と目的の変更）　172
16 商号権は譲渡できるのか　173
　　書式 商号譲渡契約書　175
　　書式 商号及び事業譲渡契約書　176
17 商号の不正利用への対抗手段について知っておこう　178
　　書式 商号の使用中止を請求する通告書　179
　　書式 商号の使用中止請求に応じられないことを伝える回答書　180

第5章　デザインを守る意匠権のしくみ

1 システムデザインについて知っておこう　182
2 部分意匠・関連意匠・秘密意匠について知っておこう　184
3 一部分のデザインを変更した場合どうなるのか　187
4 意匠登録出願の際にこれだけは知っておこう　189
5 意匠登録出願の手続と出願書類について知っておこう　192
　　書式 意匠登録出願 願書　194
　　書式 意匠登録出願 図面　195
6 意匠審査はどのように行われるのか　196
7 実体審査と最終処分について知っておこう　198
8 意匠権を取得するとどうなるのか　203
9 出願中にコピー商品が出回った場合どう対処すればよいのか　205

第6章　その他こんなことを知っておこう

1 どんなものが著作権で保護されるのか　208
　書式 デザイン制作契約書　212
2 キャッチフレーズやスローガンは著作物といえるのか　214
3 不正競争防止法で保護される場合もある　215
4 ドメインのしくみを理解しよう　217
　書式 ドメイン新規取得・契約代行契約書　221
5 ドメインについての不正競争防止法の規制はどんなものなのか　223
6 ドメイン名を譲り受けたいときにはどうすればよいのか　227
　書式 ドメイン譲渡契約書　228
7 商品やサービスの不当表示を規制する法律がある　230
8 権利侵害にはどのように対処すべきなのか　233
　書式 商標権侵害に対して警告する場合　235
9 権利侵害には法的手段で対抗する　236
10 海外で侵害を受けた場合にはどうしたらよいのか　239
11 商標権侵害だと警告を受けたらどうする　241
　書式 商標権侵害の警告に対する回答書　244
12 内容証明郵便の書き方、出し方について知っておこう　245

巻末資料

産業財産権関係料金一覧（平成24年4月1日以降）　247
商標法第5条第3項に規定する標準文字　250
商品・役務区分表　251
新旧意匠分類／大分類（抜粋）　253

第1章

商標・商号・意匠・ドメインの基礎知識

1 ネーミングに関わる権利にはどんなものがあるのか

経済取引の安全のためいろいろな権利が認められている

■ ネーミングのもつ意味

　世の中にあるものには、例外はないといってよいほど、名前（name）がつけられています。もし、誰も知らないものが発見されたり、新しいものが発明された場合には、何らかの形で名前をつけるのが通常です。太陽系の中で新しい衛星が発見されたとか、新種の動植物が発見された場合や新発明が完成した場合には、発見した人や発明した人が名前をつけることが多いようです。このように名前をつける行為を、**ネーミング**（naming）といいます。

　ネーミングには、いくつかの意味があります。

○　**識別する**

　ネーミングをすると、まず、そのものの同一性を明確にし、他のものと識別することができるようになります。

　このようにいうと、何か難しそうですが、簡単にいうと、ものを特定しやすくします。商品に例えると、市場で同じ種類の商品が多くあればあるほど、ネーミングは大切になります。消費者が他の商品と混同してしまうことを防ぐためには明確なネーミングが重要です。いわゆる「差別化」と呼ばれているものの一環となるのです。

　また、企業の識別も重要です。取引の上で、企業名は信用そのものを象徴しています。消費者もどこの企業の商品であるかは、商品を選ぶ際に重要な判断材料としています。

②　**商品そのものの価値を増す**

　性能もデザインも同じものであれば、より好印象のネーミングがされているものの方が、消費者に選ばれます。

企業が新製品を開発した場合、その製品開発そのものと同じように工夫を凝らすのが、ネーミングでしょう。消費者にとって好印象でしかも覚えやすいネーミングがされていることは、商品の売れ行きに大きく影響を及ぼします。また、企業名のもつイメージも大切です。「名は体を現す」といいますが、企業名が社会に浸透していくためには、ネーミングは決して軽視できません。

③　ブランドとなる

　商品が評価されて、継続して消費され続けていると、その商品名自体に対して社会的信用が発生します。消費者は、その商品名さえ求めていれば、性能・品質の点で心配が要らなくなります。

　企業に対しても、同じことがいえます。良好な経営を続けていると、企業名自体に信用が生じてきます。その企業名を信じて、安心して取引に入ることができるようになるのです。

■ネーミングの衝突と保護

　ネーミングには以上のような重要な意味がありますが、それだけに衝突が生じるケースがあります。ですから、その場合の保護も必要になってくるのです。

①　混同により誤りが生じる

　市場で似たような商品名が複数あると、購入する際に混乱が生じます。消費者としては、「○○△」という商品の購入を希望していたのに、うっかり「○○□」という異なる商品を購入してしまう危険性があります。また、「◆◆」という会社の商品を求めていたのに、「◆◆▼」という会社の商品を購入してしまうおそれもあります。

　さらに、「株式会社○○」という会社だと思って契約してみたら、「株式会社○△」という違う会社だったということでは、取引の安全が害されてしまうのです。

　これらの問題から、商品や会社などについて、紛らわしいネーミン

グがなされないように、既存のネーミングを保護しなければなりません。
② ブランドの侵害が生じる
　商品や企業に対する信用は、一朝一夕で築けるものではありません。開発に対するコストや販売努力など、多大な時間と費用といった企業努力が必要とされます。また、それを維持することも大変です。そして、商品に対してさらなる信用が重なると、それはいわゆる「ブランド」となり、ネーミングそれ自体に経済的価値が生じます。
　しかし、ブランド化した商品や企業名と同じまたは類似したネーミングを他の者が自由にできるとなると、ブランドに便乗して利益を得る者が現れます。これは何の努力もせずに、他人の努力の結晶を盗むようなものです。本家本元にしてみると、本来得られるはずであった利益が得られなくなってしまいます。
　また、消費者や取引先にしてみても、ブランドを信用して購入したり、取引に入ったりしているのに、違ったものをつかまされる結果となります。これによってブランドに対する評価も下落します。そして、このようなことが野放しになると、市場での取引そのものに対する信用が害されることになってしまうのです。
　このような理由からも、ネーミングに対しては法的な保護が必要とされるのです。

ネーミングを保護する法律

　ネーミングには法的な保護が必要ですから、さまざまな法律や裁判例によって、法的な保護が図られています。
① ネーミングに対する保護
　会社にせよ、個人経営にせよ、その企業やお店のネーミングは商号といいます。商号は経済取引の主体が名乗る名称であり、取引の安全を図るにあたっては非常に重要なものです。
　商号（132ページ）については、「商法」と「会社法」により、不正

な目的で、他人が紛らわしい商号を使用することを排除する効力が規定されています。

また、会社の場合、設立の際に商号を登記することが義務づけられています。商号を登記すると、他人が同一所在地で同一の商号を登記することができなくなります。

さらに、不正競争防止法（215ページ）には、周知または著名な商号を他人が勝手に使用した場合、その使用者に対して使用差止めや損害賠償の請求ができると規定されています。

② 商品やサービスなどに対する保護

商品やサービスに結びついたネーミングは、商標登録されていると、「商標法」によって法的保護が厚くなります。具体的には、同一または類似のネーミングの使用差止めや損害賠償請求が認められます。

また、商標登録がなされていなくても、不正競争防止法によって、不正目的によるネーミングが排除されるようになっています。

③ 氏名やドメインの保護

著名人の名前や肖像などを経済的価値のあるものとして利用する権利のことをパブリシティ権といいます。最高裁は、平成24年2月に、パブリシティ権の侵害が違法といえるケースがあることを述べており、ネーミングを保護する権利としても注目されています。

また、ホームページのアドレスに使用するドメインの文字列についても、不正競争防止法で不正な使用は禁止されています。

● ネーミングのもつ意味

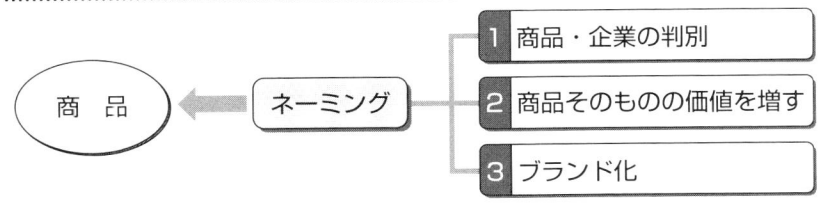

2 ブランドを守るには商標登録をする

商品を販売する前から商標登録を受けておくことが大切

📕 商標とは

　数ある商品の中から1つの商品を選ぶときに、性能や価格などの他、どこの会社が作った何という名称の製品であるかも、1つの決め手となります。また、関連商品を同じ名称で統一して売る手法（ブランド）もよく使われています。ブランド名は、その会社のものであれば安心して購入できる、という信用を与える効果があります。

　このように、商品のイメージを作り、またすでに作られている商品のイメージを守る役割を果たしているブランドを**商標**といいます。

　商標は、商品やサービスの名称を守る大切なものであるといえます。商標を使っている個人・法人、これから商標を使おうとしている個人・法人は、その商標の登録を特許庁に出願し、登録を受けることができます。出願した商標が登録されるには、一定の審査や手続が必要です。

　出願した商標が登録されると、**商標権**が発生し、出願した個人・法人は商標権者となります。商標権者は、商標権が侵害されたときに、侵害者に対して侵害行為をやめるように要求することができます。また、侵害行為によって損害が発生した場合には、侵害者に対して損害賠償を請求することができます。

　たとえば、商標権者に無断で登録商標と同じ指定商品（商標登録出願をする際に指定する商品のこと）に属している商品を同じ名称で発売する行為は、侵害行為にあたります。この場合、商標権者は、侵害行為を行っている企業に対して、商標の使用を止めるように請求し、商品が売れなかったあるいは信用が低下したといった損害が起きた場

合には、損害賠償や信用回復の措置を請求できるのです。
　また、商標権を侵害した者には刑事罰が科されることもあります。

■ 商標の保護はとても重要

　ブランド（商標）を見れば、自分が選ぼうとしている商品がどこのメーカーのものであるかがわかります。消費者が商品を選ぶ際は、商品につけられた商標によって他の商品と識別します。

　メーカーは、そのブランド（商標）に優れた品質の商品であるというイメージを与えるため、日々努力しています。こうした企業の努力の結果、そのブランドに信用がついてくると、消費者はそのブランドを見たときに、ある程度品質が保証されていると判断して、安心して購入するようになります。このように、商標には品質を保証する機能もあります。申請した商標が登録され、商標権を与えられると、商標の持ち主に強力な権利が与えられるのはこうした理由があるからです。

　商品やサービスにつける商標がわかりやすく覚えやすいものであるかどうかによって、商品の売上げも左右されます。こうした理由から、魅力的な商標を使って効果的な広告や宣伝を行うために、企業はよい商標を考えて登録することに重点を置いています。

　反対に、魅力的な商標を考えたのに登録をしていなかった場合には、他の企業が先に登録してしまうこともあります。このため、商標は、思いついたらそのままにせず、他の企業に先がけて登録する必要があります。

　実際にほとんどの企業が、こうした不都合を避けるために、商品を販売する前の開発段階から商標を考えておいたり先々使いそうな商標を考えておき、同一の商標や類似した商標がすでに登録されていないかを調べてから、特許庁に申請しています。

■ 商標のもつ機能

① 識別機能

　ある商品やサービスと、他の商品やサービスとを、識別することができるという機能です。商標の本質的な機能といえます。

② 出所表示機能

　同じ企業が提供している同種の商品やサービスには、同じか類似した商標がつけられていることがよくあります。また、そうでない場合でも、消費者に、その商品やサービスを提供している企業を連想させる効果をもっています。

③ 品質保証機能

　一定の商品の品質やサービスの質を保証する機能です。消費者としては、この商標であれば、一定程度の品質は見込めるので安心だと思うわけです。

④ 広告機能

　商標それ自体が持つ、商品やサービスを広告する機能のことです。

■ 商品商標と役務商標

　このような機能をもつ商標ですが、具体的にどのような対象につけられるかによって大きく以下のように分類されています。

① 商品商標

　商品につけられている商標を商品商標といいます。ここで「商品」とは、取引の対象として、ある程度量産されて流通する動産と考えてください。この概念は、商標法に規定されているものではありませんが、おおよその目安とされています。

② 役務商標（サービスマーク）

　「役務」はいわゆるサービスであり、運輸・通信・娯楽・介護などさまざまなものが対象となります。商品との決定的な違いは、姿かたちがないことです。それだけに役務商標のもつ役割は重要です。

3 工業製品のデザインを守る意匠権とはどんなものか

工業製品の美的デザインを保護する制度である

■意匠権の意味とその意義

　私たちが買い物をするときに、同じ機能の競合商品があってどちらを購入するか迷うことがあります。そのようなときに、機能と価格だけが購入を動機づけるものではなく、デザインも重要なポイントであることは間違いありません。デザインの良し悪しで購入が決められるということは、デザインが商品の経済的な価値にも大きな影響を与えていることになります。

　意匠とは、少し古めかしい言葉ですが、このようなデザインのことです。そして、洋服、食器、家電製品から自動車などに至るまで、大量生産される工業製品のデザインを保護するのが、**意匠権**です。

　工業製品のデザインが権利として保護されるのは、前述の例のように、人が物を購入するときの大きな決定要因になるからです。だからこそ、デザイナーが労力を費やして創作します。しかし、それが安易にマネされれば、商品の経済的な価値にもマイナスです。デザイナーも、さらに次のすぐれたデザインを生み出すことに消極的になってしまいます。そうすると工業製品の開発、進歩にも悪影響を与えます。そこで、意匠法という法律で意匠権という強い権利を与えて、意匠の創作をうながし、産業の発達につながるように、工業製品のデザインを保護しているのです。

■意匠とはどんなものか

　どんなデザインも意匠権で保護されるわけではありません。大まかにいえば、量産される**工業製品の美的デザイン**が対象です。

「工業製品」ですから、デザインの構想の段階や、形のないものは対象になりません。具体的に物品、製品に活かされたデザインでなければなりません。このようなデザインが、実用新案権でも保護される場合があります。実用新案権は、意匠と同じ「物品」に関するアイディアだからです。ただし、実用新案権では、技術的なアイディアそのものを保護する点で違っています。

また、量産されるものの保護が目的なので、不動産は対象からはずれます。天然石の灰皿のように自然のままのものも「量産」ではありませんから、対象からはずれます。

さらに、デザインですから、気体・液体のように形が定まらないものも対象になりません。また、美的デザインであっても、絵画や彫刻は、量産するものではなく、芸術の分野に属するもので、工業製品ではありません。ですから、これもはずれます。

概略は以上ですが、法律上の定義から、間違えられたり誤解されやすい点について、以下、少し詳しく取り上げます。

■ 視覚を通じるもの

低反発のクッションが、独特の手触りでヒット商品となったのは記憶に新しいところです。しかし、意匠権の対象は、視覚を通じるものに限定されています（視覚性）。ですから、手ざわりや匂い、香りのデザインは、対象ではありません。なお、もっぱら情報伝達のためだけに使用されている文字は、対象からはずされています。これは、具体的な意味をもっている文字そのものはデザインとはいえず、登録することを認めてしまうと、混乱を招くおそれがあるからです。

■ その他の要件

以上で説明した「意匠」についても、さらに、登録を受けるには次のような要件も必要です。

まず、登録前で公に知られていない新規のものである必要があります。ただし、例外的に、すでに知られてしまった意匠でも、知られた日から6か月以内に出願をし、一定の手続を踏めば、新規性を失わなかったものとされます。これは、出願する意匠が、モニター調査などを経て決定されるという産業界の実情を考慮したものです。また、すでに意匠として登録されたものと同一、類似のものも登録できません。さらに、意匠の創作を保護するものですから、すでに世の中に存在するデザインや形を単に寄せ集めたり、構成を変えた程度のものは対象からはずれます。また、工業製品の美的なデザインを保護するものなので、その製品の機能を確保するために不可欠な形状も対象になりません。たとえば、コネクタ端子のピンの形状などがこれにあたります。

　この他、社会道徳に反するものや、他人が業務で使っている物品と混同するようなものは、意匠制度の趣旨からも登録は認められません。

装飾美と機能美

　何の装飾もない音楽再生機が人気を呼んだりもします。デザインは、装飾をたくさん施したもの（装飾美）も、逆にシンプルなものも（機能美）、人気を呼ぶことがあります。どちらも意匠法の目的に合うものですから、装飾美だけでなく機能美も、登録の対象となっています。

● 意匠のイメージ図

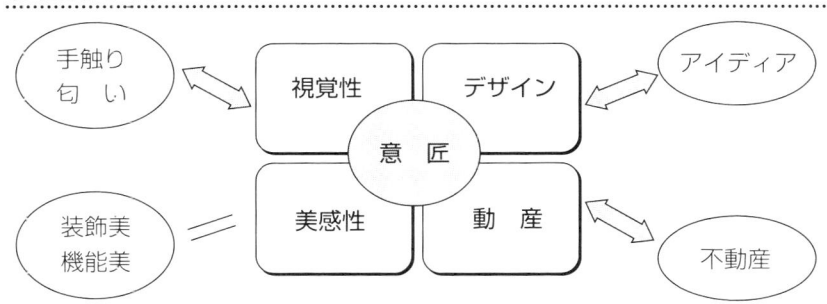

部分意匠と組物の意匠

　デザインは、全体的なバランスも含むことがあり、工業製品のデザインを保護する意匠法は、製品全体を一つの意匠として考えることが原則でした。しかし、たとえば、住宅の高級扉などは、取っ手に高度なデザインが施されているものがあります。製品全体だけが一つの意匠だとすると、扉全体しか保護されません。そうすると、取っ手部分だけを模倣された場合に、意匠権を主張できなくなります。このような不都合を防ぐために、**部分意匠制度**があります。これは、扉の取っ手のように、製品の一部に特色があるときには、その特色部分だけの意匠を、独立して権利として認めるというものです。

　部分意匠とは逆に、複数の製品がセットで取り扱われている場合には、**組物の意匠**という制度が用意されています。ただし、どんなセットでも組物の意匠になるわけではありません。ふつう、同時に使う2つ以上の物品のうち、経済産業省が定めたものに限定されます。この経済産業省が定めるものは、平成11年までは13品目でしたが、現在に拡大されて、56品目が定められています（意匠法施行規則別表第2）。

意匠権以外のデザインを保護する法律との関係

　前述したように、絵画や彫刻は、美的であっても工業製品ではないので、意匠権では保護されません。これらで芸術の分野に属するものは、著作権で保護されることがあります。またロゴマークやパッケージデザインなど、他の商品と区別する性質の強いものは、商標法が保護することになります。この他、他の商品と混同する目的がある場合には、不正競争防止法によってもそれを制限することが考えられます。

　このように、デザインも、その目的、形態などによって、保護する法律が違うことから、意匠権の対象が定められているのです。

4 商号と商標の関係を知っておこう

登録する機関が異なり、権利を主張するときにも範囲が違う

商号とはどんなものなのか

　商標と似て非なるものに、**商号**というものがあります。

　商号とは、商人が営業上自己を表示するために用いる名称です。会社は設立にあたって会社の名前を決めなければなりません。具体的には、「○○物産株式会社」とか「△△屋」といったものがこれに該当します。**商人**とは、自分の名で商行為（取引）を行う者のことです。個人商人はもちろん、会社も商人にあたります。

　商号は商人の名前ですから、他の商人の商号と同じか類似した商号（類似商号という）であると混乱が生じます。そのため、同一住所で同一商号の登記をすることは禁止されています。同一本店所在地に同一の商号の会社があるかどうかについては、法務局に備えられている商号調査簿で調査をする必要があります。

　また、まったく同じ商号でないとしても、他社と酷似した商号を用いると、不正競争防止法（215ページ）により、商号使用の差止請求を受ける危険があるので注意しなければなりません。

商標と商号は登録機関が違う

　商標と商号はそれぞれ登録する機関が異なり、権利を主張するときにもその範囲が異なります。

　商標は特許庁に申請しますが、商号は法務省の管轄である登記所（会社の所在地を管轄する法務局）で登記の申請を行います。

　会社を設立するときには、会社名とともに会社の所在地も登記簿に記載します。商号は、同一の住所に同一の名称の会社がすでに存在し

ている場合には、登記することができません。逆にいえば、同じ名前の商号でも、異なる所在地の会社の場合には、両方の商号の登記が認められます。他方、商標は、日本全国で同じまたは類似した商標がある場合には、登録できません。

したがって、商標の場合には、同じ商標は使用する地域が異なっても、日本国内であれば登録が認められません。ただ、商標は登録の申請をする際に、商標を使用する対象にしたがって、申請する商品や役務を指定します。この指定商品（役務）が類似していない場合には、同じ名称の商標でも、それを理由に登録が拒否されることはありません。

● **商号調査の手順**

```
会社の商号（会社名）を決める
         ↓
本店（会社の住所）を管轄する法務局（支局、出張所）に行き、
「商号調査簿（商号部）」を調べる
         ↓
同一の商号があればその「会社番号」の会社を「商号調査簿（目的部）」で探す
         ↓
同一の商号の会社の本店所在地（住所）を確認する
         ↓
住所が同一であれば、その商号での登記はできない
【住所が同一とは？】
・「×番×号」が同じであることをいう
・同じビルの違う階であっても「同一の住所」とされる
```

5 ネーミングやドメインを保護するさまざまな法律がある

言語、音楽、建築など、著作物の種類は多岐にわたる

■ 著作物の概念は他の知的財産より広い

　著作権法では、著作権が与えられる対象として、著作物を列挙しています。著作権法上の「著作物」は、特許法上の「発明」や意匠法上の「意匠」などと比べると、幅の広い概念です。

　そのため、たとえば、工業製品のデザインではないため、意匠権として保護されないようなケースであっても著作物として、著作権侵害を理由に相手に権利や権利侵害を主張することも可能です。また、商標として商標法で保護されるマークやロゴについて、重ねて著作物として保護されるケースもあります。

■ 著作物の種類

　著作権は、著作物の独占権という強い権利であり、どの範囲のものにその権利を与えるかが重要です。著作権法では、保護の対象となる著作物の種類について、具体的に列挙しています。各著作物の詳細については209ページを参照してください。

・小説、詩、論文などの**言語の著作物**
・歌謡曲など、**音楽の著作物**
・ミュージカルや歌手のバックダンスなど**舞踏の著作物**
・絵画、彫刻、漫画などの**美術の著作物**
・建物など、**建築の著作物**
・地図、図形、表、グラフなど、地図または**図形の著作物**
・連続する映像によって思想または感情を表現する**映画の著作物**
・一定の映像によって思想または感情を表現する**写真の著作物**

・プログラムの著作物

■ ネーミングなどは著作物といえるのか

　ネーミングは、通常は著作物とは認められません。どちらかというと著作権法による保護ではなく、商標権法や不正競争防止法上保護される可能性のほうが高いと言えます。

　商標権とは商標を独占的に使用できる権利で、登録された商標のことを登録商標と言います。商標は、商品を購入したりサービスの提供を受ける人がその商品やサービスの出所を認識できるようにするために使用される文字や図形、記号などのことです。ネーミングを商標として登録すると、商標法上の保護を受けることができます。

　一方、周知で著名な商品等表示を模倣すると不正競争防止法によって、不正競争行為として罰せられます。商品等表示とは、氏名や商号、商標、標章、商品の容器や包装、営業表示等を言います。業務に関するネーミングの場合には商品等表示に含まれますから、不正競争防止法上の保護を受けます。このように、著作物と認められない場合でも、著作権法以外の法律によって保護される場合もあります。

　ホームページのアドレスなどで使用するドメインを取得する場合についても不正競争防止法の規制に注意する必要があります。不正な目的でドメイン名の取得などが認められると不正競争行為と扱われます。

　ドメイン名を取得する際には、取得を予定しているドメインが他人の有名な商品名、サービス名、会社名と同じ、または類似している文字列ではないかについて、事前に調査し、自分が使用することに合理的な根拠があるドメイン名を選ぶようにするとよいでしょう。

第 2 章

商標権のしくみ

1 商標として認められるのはどんなものか

商標は他人の商品やサービスと識別するためのマークである

■ 立体商標も登録の対象になる

　企業や個人が、商品を販売したり、サービスを提供したりする際、自分の商品やサービスを他人の商品やサービスと区別する必要があります。この区別のために使用するマークのことを**商標**といいます。しかし、どんな形式のマークでも商標として認められるわけではありません。商標として認められるためには、まず、一定の形式を備えたマークであることが必要なのです。現在、このような商標の形式として、以下の種類が認められています。

① 　文字商標
② 　図形商標
③ 　記号商標
④ 　立体商標
⑤ 　上記①〜④のうち複数の形式を組み合わせた商標
⑥ 　上記①〜⑤の形式のものと色彩を組み合わせた商標

　文字だけで作られているマークは、①の**文字商標**といい、絵や図形から作られるマークは、②の**図形商標**といいます。文字を図案化した記号や社章のように記号的な紋章などは、③の**記号商標**といいます。立体的な形状をしたものからできている商標は、④の**立体商標**といいます。立体商標は、たとえば、実在している人や架空の人物、動物などを人形のような立体的な形状にしたものです。立体商標としては、不二家のペコちゃんが有名です。

　また、文字と図形を組み合わせたり、文字と記号を組み合わせるなど、今まで説明した①〜④の商標のそれぞれの形式を組み合わせた商

標を⑤の**結合商標**といいます。⑥の色彩を含む商標については、後述します。また、一般的に**ロゴ商標**と呼ばれているものは、デザイン化された文字を使用した商標のことをいいます。

商標となるものの性質

　通常、商標は視覚で認識できるもので構成されています。香りや味、肌触りなど視覚以外の感覚でしか認識できないものは、商標として登録することができません。商標は、文字や記号、図形、立体形状、またはその組み合わせによって成り立っているのです。

　また、商標は、これらの形状に色彩を含めて登録することもできます。色彩を商標の要素として盛り込んだものが前述した⑥にあたります。ただし、①〜⑤の形状に色彩を加えることはできますが、単に色彩だけを商標の要素とすることはできません。また、視覚で認識できるものでも、動画のように動くものは認められません。

● 商標の形式

視覚で認識できるもの
かつ
静止しているもの

具体的には…

① 文字
② 図形
③ 記号
④ 立体
⑤ ①〜④の組合せ
⑥ ①〜⑤＋色彩
からなる商標

27

2 商標における先願主義について知っておこう

同一類似の先願があると登録を受けられない

■ 商標権は早い者勝ち

複数の者が同じような商標を創作した場合は、最も早く商標登録出願をした者だけに、商標権を受ける権利が与えられます。これを**先願主義**といいます。

先願主義により、特許庁は、同一または類似の商標がすでに出願されているかどうかを審査します。

その類否判断にあたっては、商標自体の構成の類似性と、指定商品または役務の類似性を検討します。

商標構成の類似判断では、「外観・称呼・観念」の3要素を総合的に判断します（48ページ）。

● 先願主義

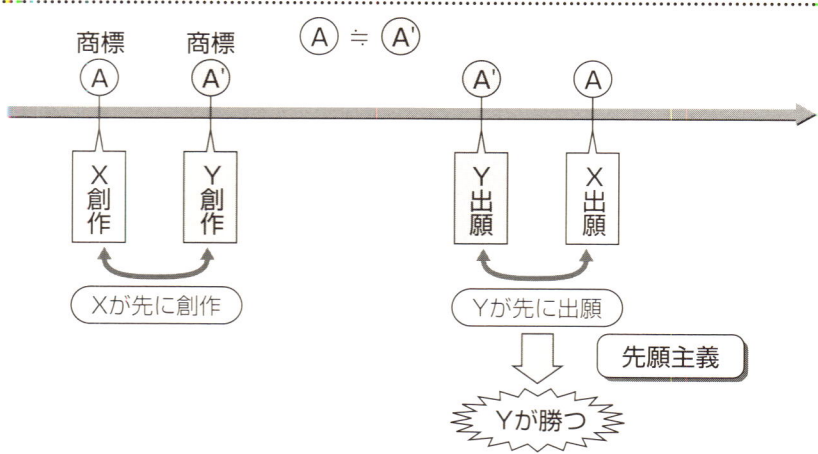

3 商標権を得るためにはどうしたらよいのか

出願し、審査をクリアして登録を受けることが必要

■出願して登録を受ける

　これまで商標や商標権について説明してきましたが、商標権を得るためには、具体的にどのようにすればよいのでしょうか。

　商標権は、自分の商品・役務と他人のそれを区別するために、特定のマークを独占的に使用し、第三者の無断使用を排除できるという権利です。しかし、世の中に存在するあらゆるマークに、このような強力な権利を認めると、同一・類似のマークに権利が重複してしまったり、商標として機能しえないものや保護すべきでないマークにも権利が与えられるなど、かえって混乱が生じてしまいます。そこで、商標として保護するのにふさわしいかどうかを審査し、それをクリアしたものだけを登録し、その登録によってはじめて商標権が発生することとしているのです。このように、商標権を得るには、特許庁に商標登録出願して登録を受ける必要があります。

■商品・役務との関係

　商標は自分の提供する商品・役務（サービス）と他の商品・役務を識別するためのものです。そのため、商標は特定の商品・役務と関連して権利として認められます。出願にあたっても、願書に、特定の商品または役務を指定して、商標とセットで記載することになっているのです。そして、登録が認められた場合、その権利範囲は指定した商品・役務の範囲内となります。

■ 一商標一出願の原則

1つの願書で出願できる商標は1つです。この原則を**一商標一出願の原則**といいます。

もっとも、商品・役務については、1つの出願の中で複数のものを指定することができます。たとえば、「X」という商標について登録をする場合に、特定の商品「A」（清涼飲料水）や「B」（お菓子）、「C」（Tシャツ）を1つの出願の中で一緒に指定することができます。

■ 登録要件

商標は、出願すれば自動的に与えられるというものではありません。審査制度があり、登録のための要件を満たしているかを、専門の審査官が審査した上で決定します。要件を1つでも満たしていないと登録はされず、商標権を取得することはできません。

審査をきちんとクリアできるかどうかについては、事前によく調査及び検討した上で、出願するようにしましょう。おもな要件は以下のとおりです。

① **商標法の規定する商標であること**

マークなら何でもよいわけではなく、商標法で規定している商標に該当しなければなりません。

② **商標に識別力があること**

商標には3つの機能があります。それは、誰が商品・役務の提供者かを示す出所表示機能、商品や役務がある程度信用できる水準であることを示す品質保証機能、そして、広告宣伝機能です。これらの機能を発揮するためには、他人の商品・役務と区別することができる力（識別力）がなければなりません。

③ **不登録事由がないこと**

公的機関のマークや国旗などは登録できません。また、公序良俗に反するものについても商標権は取得できません。

4 使用する商標が登録できる

使用していないと登録が取り消されてしまう

■ 商標を登録するタイミング

　自分で思いついて使っている商標も登録をしなければ、権利とはなりません。登録しなければ商標権を得ることはできないため、商標を思いついたらなるべく早い段階で、特許庁に出願をする必要があります。

　商標は、出願をする段階で使用していてもいなくても問題ないのですが、実際には使用する前に出願を済ませているメーカーがほとんどです。商品の開発が終わり、販売する段階になってから出願をすると、仮に商標が登録されなかった場合にはパッケージやパンフレットの作り直しをするなど、さまざまな不都合が生じるからです。ただ、登録したままいつまでも商標を使用しないと、同じ商標を使いたいと考えている他の企業から登録の取消審判を請求されてしまうおそれもあります。

● 商標登録のタイミングと方法

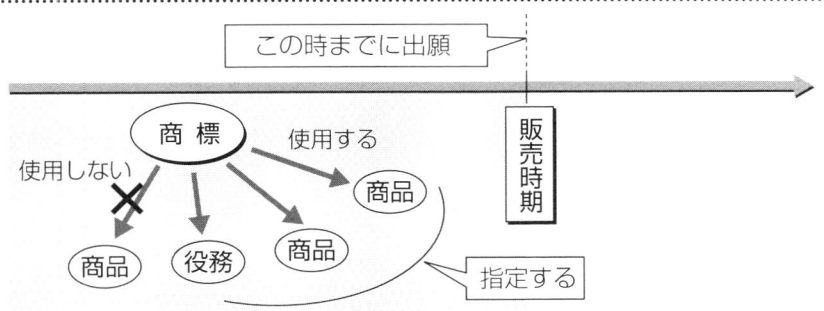

取消審判を請求されると、実際に自分が登録した商標を使っていることを証明しなければならなくなります。
　もし、使っていない場合や使っていることを証明できない場合にはせっかく受けた登録が取り消されてしまうこともあります。こうした事態に備え、商標を登録しようとする場合には、実際に使う可能性のある名前のもの、実際に使いそうな商品・役務を選んで出願する必要があります。

■商標権について

　商標を登録するには費用がかかりますから、使う期間が短いような場合は、登録しないという選択もありえます。自分が考えた商標を短期間のイベントなどで使用する場合、使おうとしている商標と同じあるいは類似した商標がないかを調べて見つからなければ、商標を登録せずに済ませてしまうことも考えられます。
　ただ、比較的長い期間、商標を使って商品の販売を続ける場合に商標を登録していないと、自分より先に誰かが登録してしまうかもしれない、という不安を持ちながら使わなければなりません。実際に、誰かが自分より先に登録してしまい、自分が今まで使ってきた商標の使用をやめるように要求される可能性もあります。
　このようなことにならないためには、よい商標を考えついたら早い段階で登録するようにしたほうがよいでしょう。
　特許庁に商標と使用する商品・役務を指定して出願し、商標が登録されると、商標権という権利を取得することになります。
　商標権を取得すると、登録した商標を、登録した商品やサービスに使うことができます。誰にも気兼ねすることなく安心して使うことができ、万一誰かが無断で使った場合には止めるように要求することができます。

📄 商品について

　商標の対象となる商品は、私たちが通常使う商品とは少し意味合いが違います。

　商標の対象となる商品には、①有体物であること、②動産であること、③商品が流通するものであること、④量産できるものであること、⑤独立して取引の対象とすることができる商品であること、が必要とされます。ここでは①〜⑤に該当しないものを説明します。

① 「有体物」にあたらないもの

　電気、光、熱などといった形のないもの（無体物）があげられます。ただし、ガスは気体ですので、液体や固体と同じく有体物にあたります。

② 「動産」にあたらないもの

　不動産があげられます。不動産とは土地や建物のことです。

③ 「流通する商品」にあたらないもの

　たとえば料亭で出される料理があげられます。料理は、その場で食べてしまって流通しないので、商標の対象としての商品にあたらないのです。ただし、折詰弁当などは商品にあたります。

● 商品と役務の要件

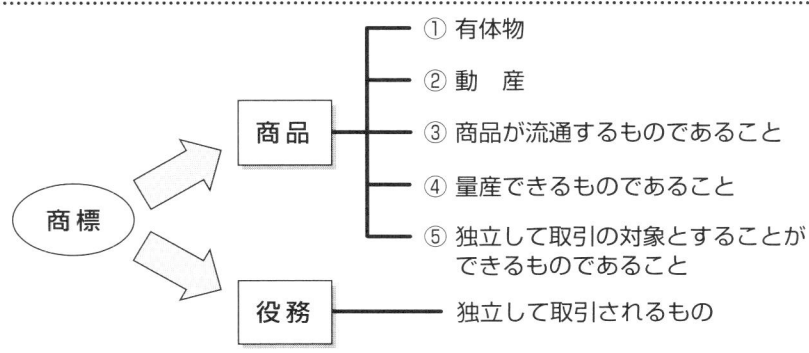

④ 「量産されるもの」にあたらないもの

　人間国宝が作った1点ものの陶器などが挙げられます。ただ、著名な作家が作った彫刻や絵画などをコピーしたものは量産できるので、商品ということができ、商標の対象となります。

⑤ 「独立して取引の対象とすることができる商品」にあたらないもの

　商品を販売する際におまけとしてつけるものや、広告や宣伝のために無料で配布するようなものなどがあげられます。

　たとえばティッシュペーパーや鉛筆などが、宣伝グッズとして配られている場合や、お店の棚に商品のおまけとして陳列されていたような場合、このティッシュペーパーや鉛筆は商品にはあたりません。

　ただし、ティッシュペーパーや鉛筆を製品として作っているメーカーが販売する場合には、当然商品として認められます。また、出版物でも、書店などで売られている週刊誌や月刊誌は、消費者が購入するものですから、取引の対象となります。一方、ある団体内部だけの機関紙のようなものは、その団体内でしか読まれないため、取引の対象になっているとはいえず、商品に含まれません。

■ サービスについて

　役務商標として登録する対象となるサービスは、商品のように目に見えるものではありません。役務商標の役務（サービス）の場合には一般的にサービス業と呼ばれる業界で提供されるサービスが登録の対象となります。登録商標の対象となるサービスは、商品と同様、独立して取引されるものでなければなりません。また、商品の小売業や卸売業の役務（サービス）についても役務商標として登録することが認められています。なお、取引といっても、必ずしも営利目的のものである必要はありません。学校や病院といった公共的な法人が行うサービスも商標の対象となります。

5 商品および役務の区分について知っておこう

区分の指定は複数できる

■ 区分は世界共通である

　商標を登録するために特許庁に出願するときには、どの区分を選んで出願するかを決める必要があります。

　区分は、クラスとも呼ばれるもので、商標の対象となる商品とサービスを45に分類したものです（251～252ページ）。

　区分のうち、第1類から第34類までは商品について分類したものです。また、第35類から第45類までの区分がサービス（役務）についてのものです。

　商品やサービスを提供するときに、商標として登録する必要性があるのは、日本国内だけに限りません。

　最近では、海外で商品を販売したりサービスを提供することも考えられます。反対に、海外の企業が日本で商品を販売し、サービスの提供をすることもあります。

　大きな企業では、商品やサービスの提供を同時に多数の国で始めることもあります。この場合、各国の商標の区分が国によって違っていては、いちいちその国の区分を調べて出願しなければならず、大変です。

　商取引が国境を越えて行われるようになるにつれ、取引対象である商品やサービスの商標を登録する場合にも、世界各国で同じ分類をして、同じ区分を利用する必要性が生じてきました。

　こうした必要性から生まれた区分が、**国際分類**という世界共通の分類です。現在では、多くの国がこの国際分類に従っています。

　日本の商標の区分も、以前は独自の区分を使っていましたが、現在は、45に分類するニース協定の国際分類に対応しています。国際分類

に変更されたときに、いくつかの指定商品・役務が別の区分に変更になりました。たとえば、第21類に含まれていたスーツケース、財布が第18類に移動したり、同じく第21類に分類されていたバックルやボタンが第26類に移動しました。

このような区分の変化に対応して、区分が変わる以前に登録された商標のうち区分を変更しなければならないものについては、書換えの手続が行われました。その結果、現在では昔からある登録商標も国際分類に従った区分で登録されています。

■ 区分の指定について

商標登録の出願をする場合には、区分を選ぶ必要があることを説明しましたが、区分は1つしか選べないわけではありません。同じ商標について複数の区分を選んで出願することもできます。

ですから、使う可能性のある商品・役務の分類が複数にまたがっているときには、今すぐ使うつもりがなかったとしてもあてはまる区分をいくつか選んでおいたほうがよいでしょう。もし、使う可能性がある商品・役務を、今すぐ使用しないからといって出願時点で選ばなかった場合、いざ将来使いたくなったときに、登録商標としての保護を受けられません。

その商品・役務を登録していなかったために他社が先に登録してしまって使いたいときに使うことができなかった、ということが起こるかもしれないのです。こうしたことが起こらないように、出願をするにあたっては、将来のことを見据えて、商標を使用する可能性のある商品・役務が含まれている区分を適切に選んで出願するとよいでしょう。

ただ、商標を出願する場合、指定した区分ごとに費用がかかりますので、ある程度慎重に選ぶ必要があります。また、登録された後、一定期間、その商標をまったく使用しないでいると、他の企業から登録の取消しを請求されて、商標登録が取り消されてしまうこともありま

す（50ページ）。ですから、登録された後は、なるべく早く使用するように心がけましょう。

商標登録を出願するときに複数の区分を選択する具体的な例として、次のようなものがあります。

ソフトウェア開発会社が、ある商標を新しく開発したソフトに使用する場合で説明します。この会社は、ソフトをパッケージソフトとして売り出すだけでなく、自社のサーバにインストールしてインターネット上でＡＳＰサービスも開始し、さらにこの商標を使用した雑誌も同時に発行したとします。この場合は、第9類・第42類・第16類の3つの区分を指定します。

まず、ＣＤなどの媒体で販売する場合だけでなく、インターネットを介してダウンロード販売する場合も、コンピュータプログラムに該当することから第9類を指定します。次に、アプリケーションサービスプロバイダーによるソフトウェアの提供をしているので、第42類を指定します。さらに、この商標を使用した雑誌も販売していることから、第16類の印刷物も指定します。

● **区分の指定の仕方**

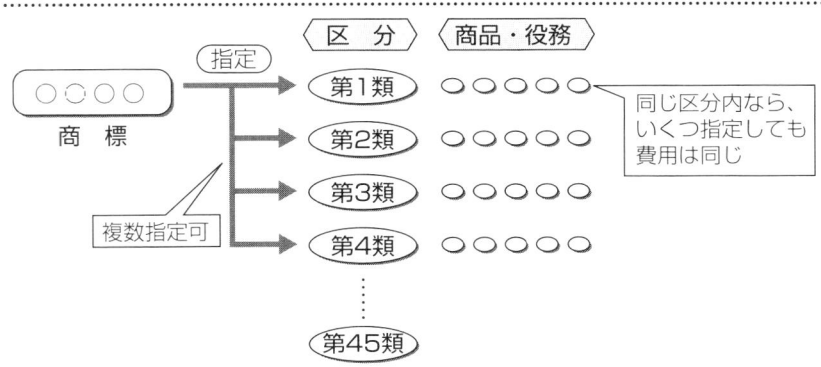

```
                      〈 区  分 〉〈商品・役務〉
              指定
   ○○○○  ─────→ 第1類    ○○○○○     同じ区分内なら、
                                              いくつ指定しても
    商  標    ─────→ 第2類    ○○○○      費用は同じ
              ╲
              ─────→ 第3類    ○○○○○
   複数指定可
              ─────→ 第4類    ○○○○○
                         ⋮
                       第45類
```

なお、区分数に応じて費用は変わりますが、区分数が変わらないのであれば、指定商品・役務の数がどんなに増えても費用は変わりません。ただし、1つの区分に多くの商品・役務を指定して出願した場合は、すでに商標を使用していることや将来的に使用する意思があることを証明する書類の提出が求められます。したがって、使う予定のない商品・役務は指定しないようにしましょう。

■ 商標の使用または使用の意思を証明するための書類

特許庁から、拒絶理由通知（80ページ）によって商標の使用に関する証明を求められた場合は、証明書類を添付した意見書を提出します。この場合、少なくとも類似群ごとに、出願した商標を現在使用しているか、または将来的に使用する予定があることを明らかにしなければなりません。

まず、現在使用していることを証明する書類としては、新聞・雑誌・カタログ・ちらし、インターネットのホームページのハードコピー、納品書などの取引書類、商工会議所などの証明書などを提出します。

次に、将来的に使用する予定があることを証明する書類としては、商標の使用の意思を明記した文書と、その準備状況を示す書類を提出します。

商標の使用の意思を明記した文書には、「現在当社は、本願指定商品役務に係る業務を行っていないが、指定商品「○○」の生産及び販売の事業計画をもっており、平成○○年○○月ころから商標の使用の開始をする予定である。」などと記載した上で、記名及び押印します。

そして、準備状況を示す書類としては事業計画書を提出し、その中で「平成○年○月 新規事業プロジェクトチーム設置、平成○年○月 企画の決定、平成○年○月 事業許可申請、平成○年○月 工場の建設着工予定、平成○年○月 販売開始予定」などと記載します。

6 もっと区分について知っておこう

区分は商品や役務を分類・整理したもの

■ 商標を分類することの意義

　商標は、発明のような創作物ではありません。ある種のマークであり、しかも特定された商品や役務(サービス)と結びつくことによって、経済的価値を帯びてくるものです。創作そのものとして、単独で経済的価値を帯びる発明とは、そのあたりが異なっています。

　このような商標のもつ特質から、商標は、商品及び役務に対応して、区分が設けられています。また、出願にあたっては、効率よく類似商標が検索できるように、**類似群**というものも設けられています。

■「区分」とは

　商標は、特定の商品や役務と結びついてこそ経済的価値が認められます。そのため、出願の際には、どの商品または役務に関する商標なのかを、指定しなければなりません。

　この指定にあたっては、商品や役務を分類・整理した**区分**が基準となります。そして、この区分の中に、さらに商品・役務が分類され、各々示されているのです。出願人は、この区分に従って、商標登録出願を行います。

■ 具体的な区分について

　出願をするにあたっては、自分の出願対象がどの区分に対応しているのかを、知っていなければなりません。

　商品・役務がどのように区分されているのかを知るには、「商品及び役務の区分」を参照します。この「商品及び役務の区分」は、「商

標法施行令別表」に表示されています。区分は「第〇類」といった形で設定されています。第1類から第34類までは商品について、第35類から第45類までは役務について、分類をしています（251〜252ページ）。

また、この各区分に具体的にどの商品・役務が分類されているのかについては、「商標法施行規則別表」に記載されているので参照してみてください。

区分については特許電子図書館（48ページ）で調べることもできます。

■ 手数料の基準となる区分

出願に際しては、手数料の納付が要求されます。区分は、この手数料を決定する基準にもなっています。ただし、1つの区分内であれば、商品・役務をいくつ指定しても手数料に影響はしません。

たとえば、Xが登録出願しようとする商標「Y」が、第△類と第□類の区分にまたがる商品・役務に使用される予定なら、2区分相当の手数料が必要になります。この場合、Xは、第△類に属する商品A・Bと第□類に属する役務C・D・Eについて指定をしても、商品Aと役務C・Eだけを指定しても、手数料は変わらないのです。

■ 区分に関する注意点

このように区分という概念は、出願人にとって大切なものとなっていますが、注意すべき点もあります。

まず、日本における区分の分類は、国際化に対応できるように、「国際分類」に準拠して行われています。しかし、変化の激しい取引社会では、商品や役務も日々変化するのが通常です。これまでなかった新商品や新サービスが、日々現れていることは事実です。このような状況に対応するため、区分の改訂も頻繁に行われています。出願前

には必ず、最新の区分を調べておきましょう。

次に、類似した商標の登録がないかどうかを調べる類否調査の際には、類似商標がありうる区分をすべて調査しておくようにします。別区分にまたがって類似商標が存在することもあるからです。

「類似群」とは

商品・役務の類否判断のために「類似商品・役務審査基準」が設定され、そこでは「類似群」という基準が使われています。商品・役務の類否判断には、この基準を使うと便利です。類似群は、特許電子図書館で参照することができます。

● 商標の特質

商標 ＝ マーク ＋ 特定の商品・役務 ⇒ 経済的価値が発生

創作物ではない
＝
経済的価値なし

● 商品・役務の分類

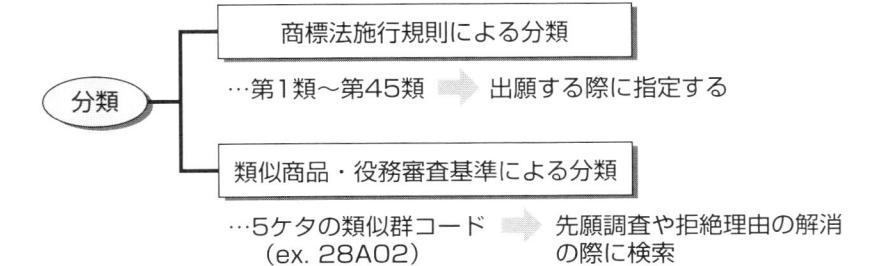

分類
├ 商標法施行規則による分類
│　…第1類〜第45類 ⇒ 出願する際に指定する
└ 類似商品・役務審査基準による分類
　　…5ケタの類似群コード ⇒ 先願調査や拒絶理由の解消
　　　（ex. 28A02）　　　　　の際に検索

7 類似性の判断はどのようにするのか

商標の類似性と商品・役務の類似性を判断する

■ 類似性判断の必要性

　商標は指定された商品・役務と一体となって、他の商品・役務との差別化を図る機能をもっています。優れた商品や役務であればあるほど、商標に対する信用は増し、商品や役務に対する消費も伸びます。一方、消費者にとっても、商標は自分の欲する商品や役務の目印ともなります。

　このように、商標は、その自他識別力が重要となります。そのため、商標登録出願がされた場合、特許庁は、同一または類似の商標がないかを審査しますので、出願人も事前に調査をします。

　この場合、商標の類似性をどのようにして判断するかが問題となります。出願を予定している者としては、どのような基準によって類似性の判断が行われているのかを知っておくことは、大切なことです。

■ 商標と商品・役務

　商標は、出願人が指定した商品・役務とセットで登録され、商標権が認められます。類似性の判断では、商標の類似性と商品・役務の類似性の双方を検討することになります。

　たとえば、「ヘロヘロォ」という名称の自動車があり、「ヘロヘロン」という名称の薬品があったとします。両者の文字の構成はかなり類似していますが、商品はまったく異なっているので、商品の類似性はないと判断されます。しかし、「ヘロヘロオ」という名称のオートバイの場合には商品の類似性もあるので、商標登録はできません。

■ 類似性の判断基準

　前述したように、商標の類似性と商品・役務の類似性という2つの観点からの判断が必要になります。このうち、商品・役務の類似性は、商品・役務の生産者や販売者、需要者、商品・役務の用途などを考慮して判断します。

　一方、商標の類似性は、次の3つの要素を総合的に検討することになっています。つまり、「称呼」「外観」「観念」の3つです。特許庁では、この3つの要素のうち1つでも類似していると、原則として、類似商標と判断されます。もっとも、他の2つの要素がかなり異なっているために誤認混同をするおそれがない場合には、類似性なしと判断されるケースはあります。

■ 「称呼」の類似

　称呼は、人の聴覚に訴える要素で、発音したときに、それを聞いた人が聞き間違いをするおそれがあれば、類似性があると判断されます。

　基準となるのは、指定された商品・役務の消費者が、通常有する注意を払ったとしても、聞き間違いによる誤認・混同を起こしてしまうかどうかです。消費者が子供や高齢者であれば、この類似性は認められやすくなるでしょう。

● 類否判断の方法

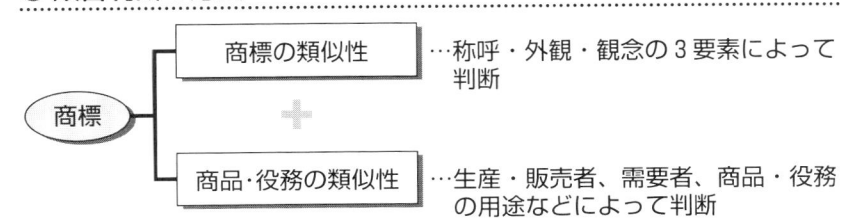

```
              ┌─ 商標の類似性 ─── …称呼・外観・観念の3要素によって判断
   商標 ──────┤        ＋
              └─ 商品・役務の類似性 ─ …生産・販売者、需要者、商品・役務の用途などによって判断
```

■「外観」の類似

外観は、人の視覚に訴える要素であり、それを見たときに、見間違えるおそれがあれば、類似性が肯定されます。商標は、文字・図形・記号の結合とさまざまな色彩から構成されているので、この外観は重要な判断要素です。

外観の判断では、「全体観察」が原則となります。全体観察とは、商標を全体として観察し、似ていると感じられるかどうかを判断する方法です。ただ、商標の一部が印象的なケースもあります。そのようなケースでは、その一部を抽出比較することもあります。この方法を「要部観察」と呼び、適切な全体観察のための手段とされます。

■「観念」の類似

観念というと難しいですが、要するに、意味が似ていることです。意味的に誤認・混同しやすい場合、類似性を認めるのです。たとえば、「りんご」と「アップル」は、どちらも意味しているところは同じなので、類似性が認められます。

8 称呼に関する商標調査の方法を知っておこう

さまざまな要素を総合的に考えて判断する

■ 類否判断の方法

　商標を登録しようとする場合、すでに類似した商標が登録されているかを調査することが必要です。その際、問題となる２つの商標間に類似性があるかどうかを、的確に判断しなければなりません。これを類否判断と呼んでいますが、この判断にあたっては、「称呼」「外観」「観念」の３つの要素を総合して検討することになります。この３要素は、称呼が聴覚、外観が視覚、観念が知覚というように、人間の感覚に対する対応関係がそれぞれ異なっています。

　ここでは、称呼について、類似性の判断方法を説明してみましょう。

■ 判断の方法

　称呼とは、検討の対象となっている商標を見た時に、どのように発音するか、どのように聞かれるのか、という商標の呼び方のことです。そのため、称呼の類似性の判断では、発音だけではなく、読み方をも広く含めた、さまざまな要素を総合的に考慮することになります。

　その結果、さまざまな時と場所でそれぞれの称呼を聞いた場合に、聞く者をして、全体的な印象から誤認・混同を生じさせるおそれがあれば、類似性のある称呼と結論づけられることになります。

■ 判断要素

　このように、称呼の類似性の判断は総合判断ということになるのですが、判断の過程では、以下の各要素の検討が行われます。

① 音質

母音と子音の組合せにより、どのような音が発せられるのかを検討します。

② 音量

音がどれだけの長短を有しているのかを検討します。

③ 音調

音の強弱及びアクセントの位置を検討します。

④ 音節

音の区切り、つまり音節数を検討します。

■ 具体例を検討してみる

まず、音からして、「インド」と「印度」は同じなので、明らかに類似性は認められます。「INDO」としても同様です。もし、「INDO」の出願人が「アイ・エヌ・ドゥー」と読む意図で出願したとしても、「インド」と発音できるので、類似性はあります。

さらに、「勘定」と「環状」は同音異義語ですが、意味が異なっても発音は類似しているので、称呼の類似性が認められます。

その他、称呼が類似すると判断された例としては、「SPIRITS」(スピリッツ)と「SPIRIT」(スピリット)、「DANNEL」(ダンネル)と「DYNEL」(ダイネル)、「ICOM」(アイコム)と「ICON」(アイコン)などがあります。一方、称呼が非類似と判断された例としては、「GROOVE」(グルーブ)と「GROVE」(グローブ)、「DAKARA」(ダカラ)と「TAKARA」(タカラ)などがあります。

■ 称呼検索

称呼の類似性の判断は、素人では難しく、検索も大変です。そこで、特許電子図書館では、称呼について簡単に検索ができるようになっています。このサービスをうまく活用してみましょう。

9 図形に関する商標調査はどうするのか

特許電子図書館で検索すると便利

■ 登録できない図形

商標において、図形は重要な構成要素として多用されています。図形が消費者に対して訴えかける効果は大きいものがあります。

ただ、商標の登録出願に先立って、図形を含んだ商標（図形商標）が登録できるものかどうかを調査しておく必要があります。登録できない図形には、①図形そのものが登録できない場合と、②すでに類似の区形が出願されている場合とがあります。

■ 図形そのものが登録できない場合

次の場合には、図形そのものが登録できないことになっていますので、注意してください。

① 国旗など

各国の国旗、地方自治体のマーク、その他、公的団体のシンボル・徽章などについては、使用することができません。

② 単純な図形

単純な線だけを使った図形や○や□などは原則として、登録できません。

③ 公序良俗に反する図形

図形の態様が公序良俗（公の秩序と善良な風俗）に反する場合も、登録はできません。

■ 図形に関する商標調査

類似の図形を含んだ商標が、すでに登録出願されている場合にも、

登録出願をすることはできません。商標法が先願主義（28ページ）を採用しているためです。そのため、商標を企画し出願しようとしている者は、それに先立って、類似の図形を含んだ商標が登録されているかどうかを調査しなければなりません。

　この調査は、特許庁のホームページからアクセスできる**特許電子図書館**で検索をすると、効率よくできます。特許電子図書館では、検索に便利な分類を行っており、それに基づいて調査ができます。この分類は国際標準である「ウィーン分類」をさらに細分化した「細分化ウィーン分類」を使用しています。ウィーン分類では、図形を構成する要素を一般から特殊へと大・中・小に分類しています。日本では独自の視点から、小分類の下位にさらに細かい分類を設けて体系化しているのです。

■ 図形商標の類否判断の方法

　類似の図形商標かどうかを判断することを「類否判断」といいます。類否判断では、以下の3つの要素を検討することになります。

① **称呼**

　文字を含んだ図形では、前に説明した方法で称呼の類似性を検討します。

② **外観**

　商標を全体的に観察して、視覚的に誤認・混同するおそれがあるかどうかを検討します。識別力のある部分の違いがおもに検討対象となります。

③ **観念**

　図形から受ける印象、抱く観念が似たものになるかどうかを検討することになります。

10 区分の確定をする

商標調査の結果に応じて判断する

■ 調査を終えたら

　商標の類似性調査の結果に応じて、その後、どのような行動をとるべきかは異なってきます。ここでは、そのことについて、少し説明をしておきます。

　なお、類似性を調査する際、特許電子図書館などのおかげで、かなり新しい情報を入手できるようになってきました。しかし、出願後に特許電子図書館（前ページ）にアップされるまでのタイムラグはどうしても生じるので、その分のリスクは覚悟しておく必要があるでしょう。

■ 類似商標がない場合

　調査の結果、先願の類似商標がない場合、そのまま出願すべき商標を確定し、出願手続の準備に入ります。具体的には、書式の準備と区分の確定を行います。

　区分の確定とは、商標出願の際に、その商標を使用する商品または役務（サービス）を指定することです。つまり、その商品または役務が分類されている区分を確定し、同時に、その区分の中のどの商品・役務を指定するのかも選択するわけです。

■ 類似商標がある場合

　調査の結果、自分が出願しようとしている商標と同一・類似の商標がすでに登録されている場合は、その後の行動について熟慮を要します。とりうる行動パターンとしては、①商標を変更する、②そのまま

出願してみる、③先願者と交渉する、④商標権を消滅させる、などの方法が考えられます。

① **商標を変更する**

　まず、類似性を失う程度にまで、商標の構成を変更することが考えられます。まったく新しい商標を創作するか、出願予定の商標に手を加えてみるということです。商標変更後でも、出願前に改めて類似商標の調査は行うようにしましょう。

② **そのまま出願する**

　類似性の判断は専門的な判断であり、素人だけの判断で結論を出すのは早計と考えることもできます。特許庁の審査官がどのような判断を下すのかわからないケースもあるので、判断が微妙なケースでは思い切って出願してみるのも1つの方法でしょう。

③ **先願者と交渉する**

　ほとんど同一か、どう見ても類似していると判断される商標がある場合で、どうしても、その商標について権利を取得する必要性があるのであれば、先願者と交渉して、商標権を買い受けたり、ライセンス料を支払って使用の許諾を受ける方法も考えられます。

④ **商標権を消滅させる**

　たとえ他人がすでに登録していても、3年間継続して使用していなければ、商標登録の取消しの審判を請求することができます。

　また、他人の商標登録に何らかの無効事由がある場合には、無効審判を請求して、その商標登録を無効にすることもできます。こうして他人の商標登録の取消しや無効が確定した場合、その後1年が経過すると、同じ商標登録を受けることができます。

11 出願前にはここをチェックする

先願の有無や審査のポイントなどをチェック

■ 事前調査、情報収集が重要

　商標権の取得には、出願前の商標調査がとても大切です。たとえば、すでに登録されている商標を出願しても、登録されません。ですから、出願しようとする商標がすでに登録されているかどうか調べることは重要です。この他、実体審査（98ページ）で審査のポイントとなる点も確認しておくべきでしょう。このような調査をする際には、特許庁やその関連サイトの提供する手引きや情報が充実していて便利です。まずは出願を考えている人が自分で調査をしてみましょう。

　そして、同じ商標が登録されていないことなどを確認した後に、弁理士などの専門家に依頼しましょう。さらに漏れのない調査を期待できます。依頼は、調査から出願とその対応または調査だけの依頼にも応じてもらえます。

　次に、問い合わせ先や提出窓口ですが、紙による出願では、特許庁へ持参か郵送します（所在地は、東京都千代田区霞が関三丁目4番3号）。電子出願で添付できない資料も同じです。現在の窓口は次のとおりです。

① 国内出願の窓口

　国際登録出願を除いた出願は、出願支援課です。電子出願の特許庁のサーバーも、出願支援課が管理しています。また、出願に限らず、審判請求などの紙による手続も、こちらが窓口になります。

② 国際登録出願の窓口

　国際登録出願は、電子出願に未対応です。ですから、特許庁へ持参または郵送して出願します。①とは違い、国際商標出願室が窓口です。

なお、①②の窓口はともに特許庁の1階にあり、受付時間は平日の9時から17時までとなっています。また、電話で問い合わせをする場合は、特許庁のホームページの「問い合わせ先一覧」で番号を確認するとよいでしょう。

■取得の必要性を確認

　商標出願の前に、その必要性を最終確認すべきです。商標権の取得や維持には、相当な時間とお金や労力がかかるからです。
　少なくとも他社の類似製品との競合を避けたり、差別化する効果があるので、商標権を得ることが無意味ということは少ないでしょう。さらに、ネーミングは、現在の市場競争では大事な武器でもあります。しかし、大量の廉価販売だけが魅力の商品や、一過性のブームに期待する商品の場合、前述したコストに見合う効果を期待できないこともあるので注意しましょう。

■出願する区分や商品・役務の検討

　販売戦略として、異分野の商品をシリーズ展開することもあります。商標権は指定した商品・役務にしか及ばないので、この点も考えなければなりません。たとえば、ある商品・役務で著名な商標を持つ企業が、異分野に進出してシリーズ展開し、統一したイメージを作るために、同じ商標を使いたい場合があります。その場合には、できるだけ早くその異分野で商標登録をしておく必要があります。そうしないと、他社に先に商標登録をされてしまうリスクがあります。
　しかし一方で、商標権は、指定区分が多くなれば費用も増し、3年以上使用していない指定商品・役務があると取り消されることもあります。出願する際には、事業戦略全体を視野にいれて、指定区分や指定商品・役務の検討を十分に行うことが重要です。

12 他人のマークとの抵触を防ぐにはどうすればよいのか

事前調査をするのが効率的

■ 登録されない商標について

　同じ商標登録の出願が2つあって、かつ両者とも特に拒絶の理由もなく登録の要件を備えていれば、先に出願した人の商標が登録され、後から出願した人の商標は登録されません。このため、商標を思いついたら、少しでも早く出願したほうがよいといえます。

　ただ、すでに同じ商標が登録されている可能性はあります。

　また、商標権には、同じ商標だけでなく類似している商標に対しても権利が及びます。自分が出願しようとしている商標と同じ登録商標がなかったとしても、安心できるわけではありません。

　ですから、商標を出願するときには、あらかじめ出願する商標と同じ、あるいは類似している商標が過去に登録されていないかを調べたほうが効率的です。事前にこうしたことを調べておけば、同じあるいは類似の商標が登録されていても、対策を考えることができます。

　登録されない商標については、インターネット上で公開されている、特許電子図書館（48ページ）にある「不登録標章検索」「日本国周知・著名商標検索」を利用することで、具体的にどのような商標が登録されないのかをある程度知ることができます。

■ 事前調査について

　出願されている商標や登録されている商標を事前に調べる方法について、説明します。

　まず、特許電子図書館の商標検索機能を利用する方法が考えられます。特許電子図書館では、すでに出願されている商標や登録されてい

る商標についての情報を調べることができます。出願済みの商標、登録されている商標を調べるには、いくつかの方法があります。

たとえば、出願・登録されている商標の情報を調べる場合、文字列による検索ができます。文字列の検索の仕方も、前方一致検索（先頭部分が一致している文字列の検索）、中間一致検索（中間部分が一致している文字列の検索）、後方一致検索（後方部分が一致している文字列の検索）ができる他、称呼検索、図形商標検索もできます。

称呼検索とは、商標の読みをカタカナで入力し、その読みと同じか類似した読みの商標を検索できるものです。

また、図形商標検索とは、商標を構成する図形の要素ごとに検索することができるものです。図形の要素につけられた分類は、ウィーン図形分類リストというリストにしたがって分類されています。

次に、特許電子図書館の利用以外には、商標公報などを閲覧する方法があります。公報には、商標公報、国際商標公報、公開商標公報、公開国際商標公報などがあります。

公報は、各都道府県の知的所有権センターで閲覧することができる他、インターネット上でも閲覧できます。この場合、特許電子図書館の「商標公報ＤＢ」を利用するとよいでしょう。

この他、弁理士などの専門家に事前の調査を依頼する方法も考えられます。ただ、どのデータベースも調査している時点より前の時点での情報が公開されているだけです。また、調査時点ではＡおよびＢの２つの商品を指定して出願されていた商標が、後で補正（95ページ）によってＢの商品について削除されていたということも考えられます。

以上のように、事前調査は完全ではありません。ただ、調査しておくと、次のような場合にも対策が立てやすいでしょう。

■類似した商標が見つかっても方法はある

事前の調査の結果、出願予定の商標と同一あるいは類似した商標が

見つかった場合、次のような対応が考えられます。

　ひとつは、先に登録されている商標が3年以上使われていない場合です。この場合には、不使用の取消審判の請求をすることができます。

　もう1つは、すでに出願・登録されている商標の持ち主に直接話をして、商標を譲ってもらうように交渉することが考えられます。たとえば、その持ち主が登録商標を使っていない場合、不使用取消審判を請求されると、商標権者の方でその商標を使っていることを証明する必要があるため、このような交渉に応じることも考えられます。

● **事前調査の方法**

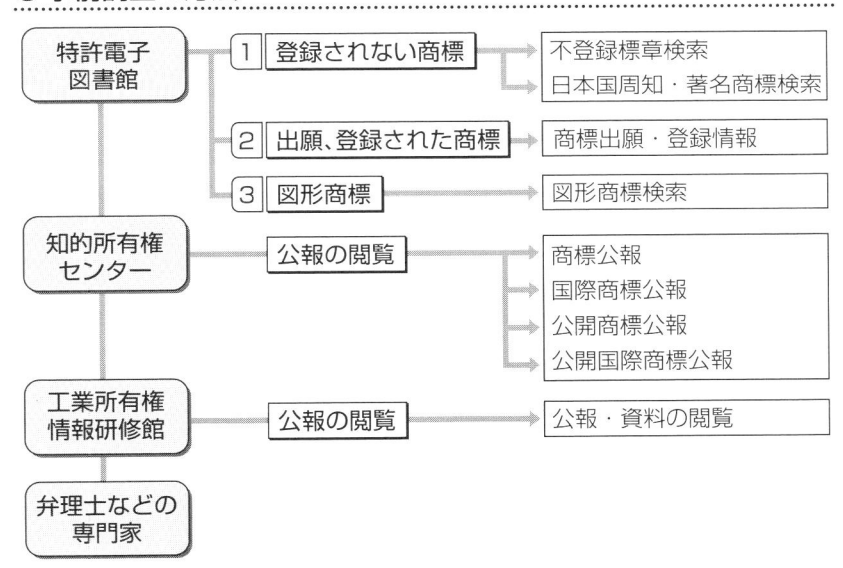

```
┌──────────┐    ┌─1─ 登録されない商標 ──┬─ 不登録標章検索
│ 特許電子 │────┤                        └─ 日本国周知・著名商標検索
│ 図書館   │    ├─2─ 出願、登録された商標 ── 商標出願・登録情報
└──────────┘    └─3─ 図形商標 ────────── 図形商標検索
┌──────────┐                              ┌─ 商標公報
│ 知的所有権│── 公報の閲覧 ───────────────┼─ 国際商標公報
│ センター │                              ├─ 公開商標公報
└──────────┘                              └─ 公開国際商標公報
┌──────────┐
│ 工業所有権│── 公報の閲覧 ─────────────── 公報・資料の閲覧
│ 情報研修館│
└──────────┘
┌──────────┐
│ 弁理士などの│
│ 専門家   │
└──────────┘
```

第2章　商標権のしくみ

● 商標公報サンプル

(11)登録番号 4-60849 (T-460849)		(190)日本国特許庁(JP) **商標公報**	（511）第7類

(151)登録日　平成13年3月23日(2001.3.23)
(450)発行日　平成13年4月24日(2001.4.24)
(210)出願番号　商願平9-152872
(220)出願日　平成9年8月28日(1997.8.28)
(540)登録商標

(732)商標権者　　　株式会社 ▮▮▮▮▮▮
　　　　　　　　　　▮▮▮▮▮▮▮▮▮▮

(740)代理人　　　　▮▮▮▮▮

国際分類第7版
法区分　平成8年法
(561)称呼(参考情報)　▮▮▮▮▮▮▮▮
検索用文字商標(参考情報)　▮▮▮

(500)商品及び役務の区分の数　9
(511)商品及び役務の区分並びに指定商品又は指定役務

第7類　金属加工機械器具、食料加工用又は飲料加工用の機械器具、パルプ製造用・製紙用又は紙工用の機械器具、包装用機械器具、鉱山機械器具、土木機械器具、荷役機械器具、化学機械器具、繊維機械器具、製材用・木工用又は合板用の機械器具、印刷用又は製本用の機械器具、プラスチック加工機械器具、半導体製造装置、ゴム製品製造用機械器具、石材加工機械器具、動力機械器具（陸上の乗物用のものを除く。）、陸上の乗物用の動力機械の部品、風水力機械器具、農業用機械器具、漁業用機械器具、ミシン、ガラス器製造機械、靴製造機械、製革機械、たばこ製造機械、起動機、交流電動機及び直流電動機（陸上の乗物用の交流電動機及び直流電動機（その部品を除く。）を除く。）、交流発電機、直流発電機、機械式駐車装置、芝刈機、食器洗浄機、修繕用機械器具、電気式ワックス磨き機、電気洗濯機、電気掃除機、電機ブラシ、電気ミキサー、電動式カーテン引き装置、陶工用ろくろ、塗装機械器具、乗物用洗浄機、廃棄物圧縮装置、廃棄物破砕装置、機械要素（陸上の乗物用のものを除く。）

第16類　段ボール原紙、その他の紙類、段ボール箱、その他の紙製包装用容器．紙製テーブルクロス、紙製ブラインド、書画、写真、写真立て、文房具類、印刷用インテル、活字、装飾塗工用ブラシ、マーキング用孔開型板

第29類　加工野菜及び加工果実、冷凍果実、冷凍野菜、食肉、食用魚介類（生きているものを除く。）、肉製品、加工水産物、豆、卵、加工卵、乳製品、食用油脂、カレー・シチュー又はスープのもと、なめ物、お茶漬けのり、ふりかけ、油揚げ、凍り豆腐、こんにゃく、豆乳、豆腐、納豆、食用たんぱく

第30類　コーヒー及びココア、コーヒー豆、茶、調味料、香辛料、米、脱穀済みのえん麦、脱穀済みの大麦、食用粉類、食用グルテン、ぎょうざ、サンドイッチ、しゅうまい、すし、たこ焼き、肉まんじゅう、ハンバーガー、ピザ、べんとう、ホットドッグ、ミートパイ、ラビオリ、即席菓子のもと、アイスクリームのもと、シャーベットのもと、アーモンドペースト、イーストパウダー、こうじ、酵母、ベーキングパウダー、氷、酒かす

第31類　果実、野菜、あわ、きび、ごま、そば、とうもろこし、ひえ、麦、籾米、もろこし、うるしの実、コプラ、麦芽、ホップ、未加工のコルク、やしの葉、食用魚介類（生きているものに限る。）、海藻類、獣類・魚類（食用のものを除く。）・鳥類及び昆虫類（生きているものに限る。）、蚕種、種繭、種卵、飼料、糖料作物、種子類、木、草、芝、ドライフラワー、苗、苗木、花、牧草、盆栽、生花の花輪、飼料用たんぱく

第32類　清涼飲料、果実飲料、飲料用野菜ジュース、乳清飲料、ビール製造用ホップエキス

13 登録ができない商標とはどんなものか

出願しても登録されない商標がある

■商標の登録について

　商標は、文字商標・図形商標・記号商標・立体商標・結合商標のいずれかであれば、基本的には登録を受けることができます。

　ただ、そのような商標であったとしても、他と区別しにくいような商標やすでに登録されている商標と同じ名称のもの、似たような名称の商標、あらかじめ登録できないと定められている商標などを登録することはできません。ここでは、このような登録が認められない商標について、説明します。

■他と区別しにくい商標

　商標は、他の企業の商品・サービスと自分の商品・サービスとの違いを消費者に明示する役割を持っています。ですから、登録しようとしている商標によっては、他の企業の商品・サービスと区別しにくいものである場合には、商標として登録することができません。

　では、他の企業の商品・サービスと区別しにくい商標とはどのようなものなのでしょうか。

　まず、商品やサービスを表すのに普通に使われている名称（普通名称）を普通に使われる方法で表示する商標が挙げられます。したがって、電話に「電話」という商標をつけたり、鞄の修理に「鞄修理」という商標をつけようとしても、登録できないことになります。

　もともとは他と区別できる名称であったものが、同じ種類の商品やサービスについて、普通に使われるようになったために、他と区別がつかなくなってしまった名称も登録できません（慣用商標）。たとえ

ば、お酒の清酒について、「正宗」という名称を使うことは、業者の間では慣用的になっているため、それだけでは商標として登録できません。

　商品やサービスにかかわる場所や品質、効能、用途、価格など、商品やサービスの説明と同じような商標も登録できません。たとえば、ブラウスについて「シルク」、飲食物の提供について「高級料理」、入浴施設の提供について「疲労回復」などが実際に登録されませんでした。

　佐藤、YAMAMOTO、鈴木商会など、普通に使われる方法で、ありふれた名称や氏名を表わす商標も登録できません。

　また、単なる球や円柱などのありふれた立体形状だけからできている商標は登録できません。

　特定のサービスですでにたくさん使われているお店の名前なども登録できません。たとえば、スナックや喫茶店などで「愛」「ゆき」「オリーブ」といった名前を商標として登録することはできません。

　ただ、他と区別することができない商標であっても、長年使っていくうちに他と区別できるようになった場合には、例外的に登録が認められることもあります。

■ 登録できないとされている商標

　商標法では、公共性の強い名前も商標としては登録できないと定められています。

　たとえば、日本国や外国の国旗や菊花紋章などは、登録できません。

　また、日本が加盟している「パリ条約の同盟国」「世界貿易機関の加盟国」「商標法条約の締約国」の国の紋章、王室の紋章、官庁の記章、連邦の記章、政府や地方公共団体の監督用あるいは証明用の印章や記号のうち、経済産業大臣が指定しているものや指定しているものに似た商標も登録できません。

● 登録が認められない商標

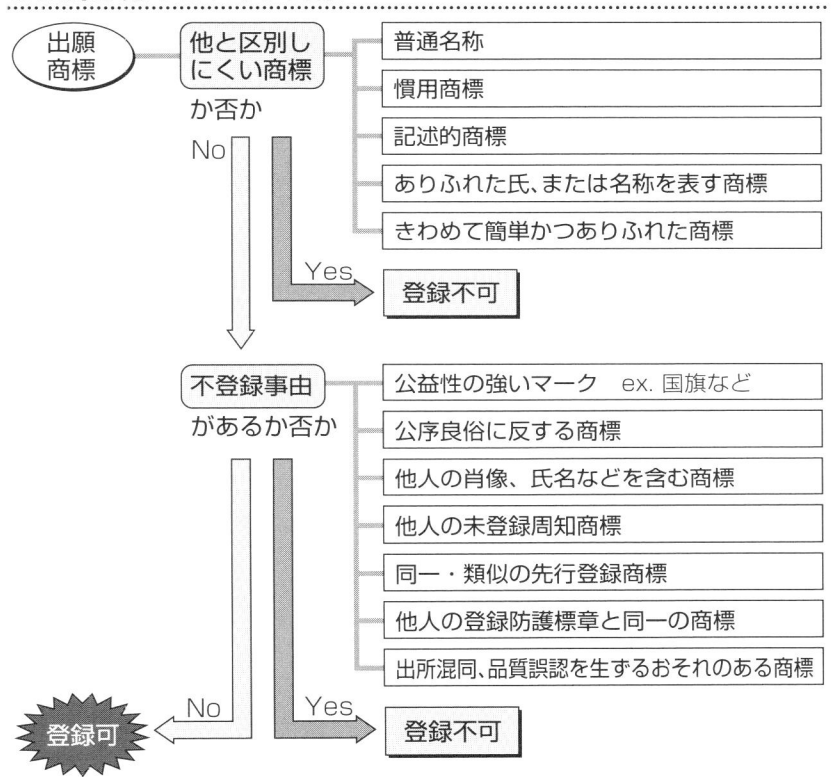

```
出願商標
 │
 ▼
他と区別しにくい商標か否か
 ├─ 普通名称
 ├─ 慣用商標
 ├─ 記述的商標
 ├─ ありふれた氏、または名称を表す商標
 └─ きわめて簡単かつありふれた商標
   → Yes：登録不可
   → No ↓

不登録事由があるか否か
 ├─ 公益性の強いマーク　ex. 国旗など
 ├─ 公序良俗に反する商標
 ├─ 他人の肖像、氏名などを含む商標
 ├─ 他人の未登録周知商標
 ├─ 同一・類似の先行登録商標
 ├─ 他人の登録防護標章と同一の商標
 └─ 出所混同、品質誤認を生ずるおそれのある商標
   → Yes：登録不可
   → No：登録可
```

● ありふれた氏名や名称が登録できる場合

```
特定人 ──長年の使用──▶ ありふれた氏名や名称（本来は識別力なし）
                              │
                              ▼
                         識別力発生 → 登録可
```

第2章　商標権のしくみ

国際連合をはじめとする国際的な機関が使っているマークなども、経済産業大臣が指定している場合や指定しているものと似た商標は登録できません。

　赤十字、武力攻撃を受けた場合などの非常事態のときに国民を保護するために使われる特殊なマークと同じマークあるいはこれに似たマークも、登録できません。具体的には、「赤十字」「ジュネーブ十字」「赤新月」などの名称やマークのことです。

　国や地方公共団体、公益に関する非営利団体などの著名なマークと同じか似た商標も登録することができません。たとえば、都道府県や市区町村、都営・市営地下鉄、都・市バス、市電、大学、オリンピック、ボーイスカウトなどの著名なマークは登録することができません。ただ、当事者本人である団体が出願した場合に、これを理由として登録を拒否されることはありません。

　また、卑わいな商標や差別的な商標、他人に不快な印象を与える商標、特定の国や国民を侮辱するような商標なども登録できません。

　本人の承諾がないのに、他人（法人も含みます）の肖像や名前、芸名やペンネームなどを使用して作った商標も登録できません。

　この他、政府が開催する博覧会や外国で開催される博覧会などの賞で使われているマークも登録することはできません。

■ 他と同じか似ている商標

　他の商標と同じ商標、似た商標も登録されません。

　具体的には、他人が先に出願した商標が登録されている場合、その商標と同じものあるいは似ている商標は登録できません。このように、先に出願した人のみがその商標について商標登録を受けることができます。このことを先願主義といいます。

　商品の品質やサービスの質を誤認するおそれのある商標も登録されません。たとえば、ビールに対して「△△ワイン」とつけるような場

合です。

　また、日本のワインにボルドーという地理的な表現をすることで、そのワインがボルドー産のワインであると誤解されるような名称のつけかたもできません。

　他人の登録防護標章と同じ商標で、同じ商品やサービスについて使用するものも登録することができません。**登録防護標章**というのは、有名な登録商標を持つ人や企業が、自分の有名な登録商標の商品やサービスとは全く異なる商品やサービスについて、他人の使用を排除するために、その有名な登録商標を防護標章として登録したものです（109ページ）。

　登録防護標章ではなくても、業者や一般消費者間で広く認識されている未登録の有名な商標と同じか似た商標について登録を受けようとした場合にも、登録できないことがあります。これは、出願しようとしている商標が、未登録の有名な商標と同じか似た商品やサービスについて使用する場合に限られます。

　その他、立体商標の場合、その立体的形状が、商品または商品の包装の機能を確保するために不可欠な形状だけからなるものは、特定の者に独占させると産業の発達を妨げるため、登録できないとされています。また、日本国内や外国で著名な商標と同じか類似の商標であって、不正の目的をもって使用するものも、登録できないとされています。

14 普通は無理でも有名になると登録が可能

ありふれた名称でも登録できる場合がある

■ ありふれた名称等でも登録される場合

　今まで、他と区別のつきにくい、ありふれた名称は商標として登録されにくいことを説明してきました。これに対し、以下で説明する名称の場合には、一定の要件を満たせば、商標として登録を認められることがあります。

　商品の産地、販売地、効能、用途、数量、形状、品質、原材料、価格、生産方法、使用方法、使用時期を普通に使われる方法で表示する標章からなる商標は通常、登録を認められません。また、サービスを提供する場所、質、提供するときに使う物、用途、数量、効能、態様、価格、提供の方法、時期を普通に使われる方法で表示する標章からなる商標も登録できません。標章とは、文字、図形、記号、立体的な形状、これらを組み合わせたもの、またはこれらと色彩を組み合わせたもののことをいいます。

　ただ、実際には、電話について「プッシュホン」が登録され、ハムについて「ニッポンハム」が登録されています。これらの商標は、本来はありふれた標章のため登録が認められないのですが、企業がその商標を未登録のままで使用し続けた結果、その企業が販売する商品や企業そのものを表す商標と認められるようになり、登録されたのです。

　「佐々木」などのありふれた名称や氏名を、普通に表わすだけの商標も、通常は登録を認められません。非常に簡単でありふれた標章でできている商標も、通常は登録を認められません。たとえば、「トヨタ」「クボタ」は、本来であれば登録されません。ただ、自動車のメーカーの名称であるトヨタも鋳鉄管のメーカーであるクボタも、非

常に有名で、その名称によって他の企業と明確に区別することができるため、登録されたのです。

■ 登録するのに必要な項目

本来はありふれたもので登録できない商標の登録が認められるためには、出願の際、公共団体・商工会議所などが発行する証明書を特許庁に提出し、審査を受けなければなりません。

その証明書で証明する項目は、出願人が実際に使用している商標・商品・サービス、商標の使用を開始した時期、商標の使用期間と使用している地域、商品の生産量、商標・商品・サービスの広告宣伝の方法と広告の回数などです。

■ サービスマークについて

商標を使用する対象には、商品と役務（サービス）がありますが、役務（サービス）について使用する商標のことを、**役務商標**または**サービスマーク**といいます。このサービスマークの制度は、商品商標より後に導入されたため、導入以前から役務について商標を使っていた人の中には、導入後も商標として登録していない人もいます。この場合、他人にそのサービスを登録されてしまうと、以前から使っていた人が訴えられる事態も生じます。こうした不都合を回避するため、以前からサービスの商標を使っていた人には、継続的使用権という権利が認められました。

ただ、この権利は、現状のまま使用することについて誰からも文句をいわれない一方、他者に対して権利侵害を主張することはできません。また、継続的に使用しているサービスマークと同一のマークおよびサービスで、かつ同一の地域で使用する場合にしか権利が及びません。そして、この権利が認められても、出所混同を防ぐ表示、たとえば地方名の付加などを要求される場合があります。

15 小売等役務商標制度について知っておこう

費用や保護の範囲の点でメリットが大きい

■ 小売等役務商標制度とは

　小売等役務商標制度とは、小売業者または卸売業者（以下、「小売業者等」といいます）が使用する商標をサービスマーク（役務商標）として保護する制度です。具体的な小売業者等としては、衣料品店、八百屋、肉屋、飲食料品スーパー、コンビニエンスストア、ホームセンター、百貨店、卸問屋などのあらゆる小売業や卸売業があげられます。また、現在、増加し続けているインターネットを利用した通信販売業者なども含まれます。

■ 小売等役務商標制度が導入された背景

　小売業者等が使用する商標は、従来、商品商標として取り扱う商品についての商標登録を行うことによって保護されていました。そして、商品商標の場合、商標出願時や商標登録時にかかる費用は、指定する商品の区分数により変わり、区分数が増えるにしたがって高額となっていきます。たとえば、第18類「かばん類及び袋物」と第25類「被服」を指定した場合は、2区分の費用を支払わなければなりません。そのため、百貨店のように取り扱う商品の種類が多いところでは、多くの区分を指定して商標登録を受けなければならないため、かなり高額の費用がかかる結果となっていました。

　また、商品商標の場合、商品に付ける値札や折込みチラシなどに使用する場合は保護されていましたが、お店のショッピングカートや店員の制服などに標章を表示する場合については保護されていませんでした。

■小売等役務商標制度によるメリット

　第1類から第45類まである区分のうち、小売等役務は、すべて第35類という1つの区分の中に入っています。たとえば、小売等役務商標「○△×スーパー」を出願する場合、第35類「かばん類及び袋物の小売又は卸売の業務において行われる顧客に対する便益の提供、被服の小売又は卸売の業務において行われる顧客に対する便益の提供」などとなります。

　どんなに取り扱う商品の種類が多くても、1区分の費用を支払うだけでよく、商品商標の場合よりも商標出願時や商標登録時にかかる費用が安くなることが多いというメリットがあります。

　また、値札、折込みチラシなどの他に、今まで保護されていなかったショッピングカートや店員の制服などに標章を表示する場合も保護されるというメリットもあります。

■小売等役務商標では保護されない場合

　このように、従来の商品商標では保護されていなかった範囲も小売等役務商標制度によって保護されることになりましたが、だからといって商品商標を登録する意味がなくなったということではありません。

　商品商標が商品の出所を表示するものであるのに対し、小売等役務商標は、あくまで商品の小売りや卸売りという役務（サービス）の出所を表示するにすぎません。そのため、商品そのものを他の商品と識別したい場合には、商品商標の登録を受けなければなりません。たとえば、商標を石けんに直接刻印したり、缶コーヒーの缶に直接印刷するような場合は、小売等役務商標ではなく、商品商標の登録を受ける必要があります。

出願に際しての留意点

　小売等役務は、すべて第35類という1区分の中に入っていますので、役務を1つだけ指定しても多数指定しても費用は変わりません。そのため、使用予定がない役務まで指定してしまおうと考える方もいるかもしれません。

　しかし、商標出願の際に指定できるのは、現在使用しているか将来的に使用する予定がある役務に限られています。小売等役務を多数指定して出願すると、拒絶理由通知が送られてくる可能性が高くなり、それに反論するには、将来使用する予定の事業計画書などを提出しなければなりません。

　したがって、小売等役務商標出願をする場合は、商標の使用に関する証明書類を提出することができる、現在使用しているか将来的に使用する予定がある小売等役務だけを指定して出願するようにしましょう。

● 小売等役務商標制度を利用しても登録が難しい商標の例

小売等役務商標制度により小売業者や卸売業者が使用する商標をサービスマークとして登録できる

　　ただし

多くの事業者が利用していると思われる店名は原則として登録できない

　　したがって

~~山田商店~~　　~~中村商会~~　　~~佐藤問屋~~

➡ このような一般的な店名を登録することは難しい

16 使用されていない登録商標を使いたい場合にはどうすればよいのか

譲渡に応じてもらえない場合には強硬手段もある

> **CASE** 私の会社で今度発売する商品について、「A」という商標を使用しようと考えています。「A」は、早速、登録しようとしたのですが、残念ながら同じような商品を指定して、「A」という商標が5年前に登録されていました。ただ、よく調べてみると、登録されているその商品はまったく製造・販売されておらず、「A」は商標としてまったく使用されていないようです。何とかならないものでしょうか。

アドバイス

　方法としては、温和に商標権者と交渉して、商標権を譲ってもらうことが、まず考えられます。「A」という商標に何の未練もなければ、適当な対価で譲ってくれるでしょう。しかし、商標権者が譲渡交渉に応じてくれない場合には、「不使用取消審判」を請求するという強硬手段が考えられます。これは、登録しても継続して3年以上使用していない商標について、その登録を取り消してしまう審判です。商標そのものの有効利用と、他者の商標使用を妨害するためだけの登録を排除するために設けられています。前記の商標権譲渡交渉の際に、この審判を請求することをほのめかすのも、1つのテクニックです。相手が慌てて使用を始めても、使用開始時期が審判を請求する直前3か月以内であれば、取消しを免れることはできません。ただ、商標権者が自ら使用していなくても他者に使用を許諾し、その者が実際に使用していれば、不使用とはなりません。事前に調査しておいてください。

17 登録商標を少し変形して使うことは許されるのか

社会通念に同一と認められる範囲内で変更する

CASE
登録が認められた商標について、現在、パッケージやパンフレットの他、製品にも使う準備をしているのですが、登録した形を少し変えて使うほうがデザインとしても自然なので、登録した商標を少し変更して使おうと考えています。登録した商標は、どこまで変更して使えるのでしょうか。

アドバイス

　登録した商標をほとんど変更しない場合は、そのまま登録した商標が使われたものとして扱われます。実際、登録した商標に多少の変更を加えて使っている企業もあります。ただ、登録した商標と同じとはいえなくなってしまうほど大きな変更を加えてしまうと、登録した商標とは認められなくなります。場合によっては、自分では使っているつもりでも実際に使っていないと判断されてしまい、不使用取消審判の請求をされてしまう可能性があります。不使用取消審判の請求がされると、使用していることを証明しなければならなくなります。証明できなければ登録を取り消されてしまいますから、注意が必要です。登録商標と社会通念上同一と認められる範囲内で変更する必要があるのです。具体的には、文字商標の場合は、書体だけの変更、縦書きと横書きの変更などは問題ないとされています。また、図形商標の場合には、文字商標と比べると変更できる範囲は少ないといわれています。図形は、その性質上、一目見た全体の印象で判断されるものなので、少しの変更で全体の印象が変わりやすいためです。

18 結合商標の一部にだけ使用権を設定することはできるのか

文字商標についても登録しておくとよい

CASE 当社では、花をモチーフにした図形と「パピリオン」という文字を組み合わせた登録商標を所有しています。先日、「パピリオン」という文字の部分だけを使いたいという企業から、使用権を設定してほしいとの申し出がありました。当社としては、文字の部分だけについての使用権の設定は問題ないのですが、商標の一部分についてだけ使用権を設定することはできるのでしょうか。

アドバイス

相談のケースのような結合商標（27ページ）は、文字や図形だけでできている商標と違い、いくつかの要素が組み合わさってできているため、使用権を設定するときには少し注意が必要です。結合商標の場合には、商標を構成しているそれぞれの部分に対してではなく、全体について商標権が認められているのが普通です。あなたが持っている商標権も、商標の各部分に対してではなく、各部分が組み合わさってできた全体の商標に対して持っているだけです。登録商標の各部分について商標権があるわけではないのです。

ただ、あなたが「パピリオン」という文字商標についても商標権を持っている場合には、パピリオンという商標について使用権を設定することはもちろん可能です。相談のケースのように他人から頼まれることもありますが、あなた自身がその文字商標だけを使いたくなったときに困らないように、別途文字商標も商標登録をすませておくとより安心でしょう。

19 登録商標であることの表示は必ずしなければならないのか

表示は義務ではない

CASE 著作権などはコピーライト表記をしますが、商標を使う場合にも、登録商標であることを表示しなければならないのでしょうか。また、表示の仕方や、表示しなかった場合の罰則についても何か定めはあるのでしょうか。

アドバイス

　商標法によると、登録された商標を使うときには、その商標が登録商標である旨を表示することが望ましいとされています。商標登録の出願を行い、実際に登録されると、特許庁から商標登録番号が与えられます。商標登録番号は、登録商標に与えられるものですから、この番号を表示することで、商標登録表示をしたといえます。具体的な商標登録表示の仕方は、登録商標とともに、「登録商標第〇〇〇〇〇号」といった形で表示するのが正しいとされています。

　ただ、商標登録表示をすることは、望ましいとされているだけで、義務とされているわけではありません。これは、商標には視覚的な効果もあるため、商標を使用する場所に必ずしも商標登録表示ができるとは限らないためです。仮に登録商標を使用する際に商標登録表示をしなかったとしても、罰則などを科されることはありません。また、他人によって商標権が侵害されたときにも、問題なく権利を行使することができます。なお、登録していない商標に商標登録表示をすると、虚偽表示となります。虚偽表示をした場合や、紛らわしい表示をした場合には、刑事罰を科されますので、注意が必要です。

第3章

商標出願の手続

1 商標登録出願の方法を知っておこう

項目ごとに記載の仕方が決まっている

■ 通常の商標登録出願について

通常の商標登録出願をするときに作成する願書の記載方法について説明します。

出願に書面による手続とオンラインによる手続を選ぶことができます。オンライン特有のものとして、データの添付方法などがありますが、それ以外のことについては、書面の場合とオンラインの場合ではとくに異なる点はありません。

願書には以下の項目があります。

① **書類名**

「商標登録願」と書きます。

② **整理番号**

同じ日に複数の出願をする場合に出願人自身が整理をし、どの出願かを把握するために任意につける番号（記号）を書きます。10文字以内で大文字のローマ字、アラビア数字、マイナス記号を使うことができます。

③ **提出日**

提出する日を「平成○年○月○日」という形式で書きます。

④ **あて先**

「特許庁長官殿」と書きます。

⑤ **商標登録を受けようとする商標**

商標の形式によって書く内容が違います。標準文字だけからなる商標の場合には、文字データで入力し、イメージデータは使いません。30文字以内で入力し、色をつけず、文字を修飾しないようにします。

書式　商標登録出願 願書

特許印紙

（　　　円）

【書類名】　商標登録願
【整理番号】　A－0001
【提出日】　平成○○年○○月○○日
【あて先】　特許庁長官　殿
【商標登録を受けようとする商標】
（願書に直接記載する場合は枠線を設ける）

【指定商品又は指定役務並びに商品及び役務の区分】
　　【第3類】
　　【指定商品（指定役務）】　化粧せっけん，シャンプー
　　【第16類】
　　【指定商品（指定役務）】　アルバム，カード，便せん
【商標登録出願人】
　　【識別番号】　012345678）
　　【住所又は居所】　東京都杉並区浜田山○丁目○番○号
　　【氏名又は名称】　商田産業株式会社
　　【代表者】　商田　標子　㊞　または　識別ラベル
（【手続料の表示】）
　　（【予納台帳番号】）
　　（【納付金額】）

第3章　商標出願の手続

使う文字は全角文字で特許庁長官が指定した文字を使います。スペースを2つ以上連続させて入力しないようにし、途中で改行しないように注意します。

標準文字以外の商標については、イメージデータで入力し、文字データでは入力しないようにします。商標の大きさは8cm平方ですが、必要がある場合は15cm平方まで認められています。

⑥ 指定商品または指定役務ならびに商品及び役務の区分

指定する商品や役務を書きます。複数の商品やサービスを指定する場合は、それぞれの指定商品（指定役務）の区切りに「,」をつけます。「【第〇類】【指定商品（指定役務）】」を書き、複数の区分を指定する場合はこれを繰り返します。

⑦ 商標登録出願人

識別番号、住所または居所、氏名または名称などを書きます。出願人は権利能力を有する者でなければならないので、法人格のない団体（〇〇同好会など）は、出願人になれません。

特許庁が商標を申請する人の住所、氏名、印鑑の情報を申請人ファイルに記録しておき、その情報につけておくのが識別番号です。手続のときにこの番号と照合することで申請人の情報を確認することができ、住所または居所を省略することができます。なお、識別番号は特許庁からその通知を受けている場合にのみ記載します。出願人が法人の場合に、氏名または名称の欄の次に代表者の欄を設けて代表者の氏名を書きます。ただし、代理人がいる場合には代表者欄を省略することができます。

⑧ 代理人

代理人の識別番号、氏名または名称を書きます。識別番号がない場合、住所または居所も書きます。

⑨ 手数料の表示

予納による見込額からの手数料を納付する方法と、現金納付により

手数料を納付する方法があります。予納による場合には、【予納台帳番号】【納付金額】の欄をつくり、予納台帳番号の欄には予納台帳の番号を、納付金額の欄には見込額から納付にあてる手数料を、単位をつけずにアラビア数字で書きます。なお、納付金額は、［3,400円＋1区分につき8,600円］により計算した額です。現金納付の場合には、【納付書番号】と【納付金額】の欄を作り、納付済証に記載されている納付書番号を書きます（納付金額は省略できます）。

電子出願ではなく、書面による手続の場合は、【手数料の表示】の欄を設けずに、書面の左上の余白に納付金額分の特許印紙を貼り付けて提出することもできます。この場合、貼った特許印紙の下にカッコ書きで、金額を記載して下さい。なお、書面による手続の場合には、別途電子化手数料として1,200円＋700円×ページ数が必要となります。

標準文字で出願する際に注意する点

商標には、文字商標、図形商標、記号商標、立体商標がありますが、単純に文字情報だけで、図形や記号を含まない商標は、**文字商標**にあたります。

文字商標の中には、標準文字商標と呼ばれるものがあります。標準文字商標とは、たとえば書体やデザインなど、文字の形や配列に特徴がないもので、普通に横方向に文字だけを並べた商標のことをいいます。標準文字商標を出願する場合、商標の見本（商標見本といいます）をつけなくてもよいとされています。また、標準文字商標を出願する場合には、願書に文字を直接印字して提出することができます。その意味で、他の場合に比べて手続が楽だといえるでしょう。

ただ、標準文字商標を出願する場合にも一定の注意するべき点はあります。この点について説明しましょう。

まず、当然のことながら、図形が含まれる商標は文字商標と認められません。

また、願書に文字を直接印字して提出する場合、特許庁が指定する文字以外は使えません。

　平仮名とアルファベットは併用できますが、文字の大きさは同じでなければなりません。スペースを使うことができますが、連続して使うことはできません。制限字数は、スペースも含めて30文字以内です。

　なお、願書に書くときには、1行以内で書くようにします。縦書きは認められていないので、横書きで書くようにします。文字の書体を一部だけ変えたり、色をつけたりすることはできません。

■ 団体商標登録出願について

　団体商標登録とは、事業者が構成員となっている団体が、構成員に使用させるために商標登録を受けるものです。たとえば、地域独自のブランドによって特産品を作る場合に利用されます。

　通常の出願と違うところは、【書類名】に「団体商標登録願」と書く点です。この他、提出する必要がある書類を手続補足書に添付して出願の日から3日以内に提出します。

■ その他の出願について

　パリ条約（1883年発効の「工業所有権の保護に関するパリ条約」のこと）に伴う出願があります。パリ条約では、①加盟国の国民を自国民と同じように保護すること（内国民待遇）、②各国の特許は相互に独立している（特許独立の原則）、③優先権制度（特許などを出願した場合、加盟国の間では優先権を有するとする制度）の三大原則が定められています。このパリ条約の優先権制度に基づいて、優先権の主張をともなう商標登録出願をする場合には、【代理人】の欄の次に【パリ条約による優先権等の主張】という欄を設けて、【国名】【出願日】【出願番号】欄を作ります。各欄には、出願国の国名、出願日、出願番号がわかっているときには出願番号を書きます。パリ条約によ

る優先権とは、パリ条約に加盟している国に出願した後、第二国に出願する場合に、第一国と第二国の出願との間の中間の行為によって第二国の出願が不利益を受けないとする制度に基づく権利のことです。

次に、出願時の特例の適用を受けようとする商標登録出願の場合には、【整理番号】の欄の次に、【特記事項】という欄を設けて「商標法第9条第1項の規定の適用を受けようとする商標登録出願」と書きます。出願の際に必要となる「出願時の特例の適用を受けるための証明書」は、出願の日から30日以内に書面で提出します。

最後に、防護標章登録の出願をする場合ですが、【書類名】に「防護標章登録願」と書き、【防護標章登録出願に係る商標登録の登録番号】欄を作って、登録されている商標の番号を書きます。

■ 書面手続とオンライン手続

もちろん、現在も紙文書での書面による出願は認められていますが、一定の手続は、オンラインシステムを利用して行うことができます。これを特定手続といいます。

● 通常の商標登録出願の記載方法

① 〔書類名〕	→ 商標登録願
② 〔整理番号〕	→ 10文字以内、ローマ字、アラビア数字マイナス記号で書く
③ 〔提出日〕	→ 平成○年○月○日
④ 〔あて先〕	→ 特許庁長官殿
⑤ 〔商標登録を受けようとする商標〕	→ 標準文字は文字データ、標準文字以外の商標はイメージデータで入力
⑥ 〔指定商品・役務並びに商品及び役務の区分〕	→ 〔第○類〕〔指定商品(指定役務)〕
⑦ 〔商標登録出願人〕	
⑧ 〔代理人〕	
⑨ 〔手数料の表示〕	

オンラインシステムを利用した出願手続を「電子出願」や「オンライン出願」などと呼び、従来の紙の文書による出願を「紙による出願」などと呼んで区別しています。

■紙による出願の電子化手数料

情報の管理・提供のため電子化を進めている現在、紙（書面）による出願があると、これを特許庁の側で電子文書化しなければなりません。そこで、紙による出願では出願人が電子化手数料を納めます。費用は、1200円＋700円×ページ数です。出願手続の後に財団法人工業所有権電子情報化センターから振込用紙が送付されるので、これにより現金で納めます。納めないと出願が却下されてしまいます。

■紙による出願の手順概要

出願は、願書の作成、手数料の納付、郵送または持参がポイントです。願書は、所定の書式にそって作成します。ここで、手順を効率的にするために、特許庁では、手続をしようとする人の請求で、「識別ラベル」を交付しています。

もしこのラベルの交付を受けている場合には、作成した願書にこのラベルを貼付します。交付を受けていない場合は押印します。

このようにして準備ができたら、特許庁長官宛に郵送するか、特許庁出願支援課に持参します。重要な出願日は、持参のときは持参した日、書留で郵送したときは発送日、普通郵便のときは消印の日が出願した日として扱われます。

ただし、消印は汚れて見えなくなってしまうことがありますので、郵送する場合は書留か簡易書留を利用して書留郵便物受領証を大切にとっておいてください。

また、宅配便で送った場合は、発送日ではなく特許庁が受け取った日が出願日となりますので、注意してください。

2 出願から登録までの流れを知っておこう

拒絶されても審判・訴訟の道が残されている

■ 登録までの手続について

　出願する前に、自分が出願しようとしている商標と同じ商標や似た商標がすでに登録されていないかを調べると、出願の手続を効率よく進めることができます（51ページ）。

　事前に調べた結果、とくに似た商標や同じ商標が見当たらない場合には、商標の登録を受けて、商標権を得るために特許庁に必要な書類を提出します。

　ここでは、出願から登録までの手続きの流れについて説明します。

■ 方式審査と実体審査について

　必要な項目を記入した書類を特許庁に提出すると、折り返し出願番号通知が送られてきます。特許庁では提出された書類が定められた書式に従って書かれているかどうか、形式面で不備がないかを調べます。このチェック作業を**方式審査**といいます。方式審査の結果、書類に不備があると、**補正命令**あるいは**補完命令**が出されます。この命令が出された場合には、命令に従って、手続補正書や手続補完書を提出します。この対応を怠ると次の段階に進めません。方式審査が終わると、特許庁の審査官によって、出願された商標が登録できる要件を満たしているかどうかについて、具体的な審査が行われます。これを**実体審査**といいます。

　実体審査の段階で、他の商品やサービスと区別する力（識別力）があるか、公益上の理由から登録できない商標にあたらないかなどについて判断されます（登録できない商標については57～59ページ）。

■ 拒絶理由通知と拒絶査定

　実体審査で登録の要件を満たしていないと判断されると、特許庁から拒絶理由が通知されます（拒絶理由通知書）。拒絶理由通知書が送られてきた場合、そのままにしていると、拒絶査定となります。拒絶査定とならないためには、登録の要件を満たしている旨を主張する意見書や手続補正書などを提出します。

　意見書や手続補正書を提出したにもかかわらず認められなかった場合には、拒絶査定が送られてきます。

　拒絶査定の判断に対して不服がある場合には、**拒絶査定不服審判**の請求をすることができます。

　拒絶査定不服審判の請求は、拒絶査定の謄本が送られてから3月以内に行う必要があります。

■ 拒絶査定不服審判の審理

　拒絶査定不服審判の請求がなされると、3人または5人の審判官による合議体で審理が行われ、審決という決定がなされます。

　審理の結果、拒絶理由が解消したと判断された場合には登録審決が行われ、拒絶理由が解消できていないと判断されれば拒絶審決が行われます。この審決は、通常の裁判の第1審である地方裁判所の判決に相当するものです。この審決に不服があるときには、知的財産高等裁判所に出訴することができます。なお、知的財産高等裁判所での判決に不服がある場合には、さらに上告して、最終的には、最高裁判所で争われることになります。

■ 登録査定と登録料の納付

　出願した商標が、書類の不備もなく、または不備を解消し、かつ登録要件を満たしていると判断された場合には、登録査定が出されます。拒絶理由通知が出された後に、拒絶理由を解消した場合にも、登録査

定が出されます。登録査定が出され、出願人が30日以内に定められた登録料を納めると、出願された商標は商標登録原簿に登録されます。商標登録原簿に登録されてはじめて、出願人は商標権を得ることになります。商標登録原簿に登録された後は、商標登録証が送られてきます。登録料の納付には、少し割高になりますが登録時の負担が少ない分割納付（5年分ずつ2回に分けて納付する方法）と10年分を一括納付する方法があります。

商標公報と登録異議申立て

登録された商標は、登録された内容とともに商標公報に掲載されます。商標公報が発行されてから2か月の間は、登録を受けた者以外の者から登録異議の申立てがなされることがあります。登録異議の申立ては、誰でもできるもので、申立ては特許庁長官に対してなされます。

無効審判請求と取消審判請求

商標が登録された後であっても、その商標の登録が無効だといえる理由がある場合、無効審判を請求されることがあります。

また、商標の登録がなされて3年以上経っているにもかかわらず、その期間、商標を全く使用していない場合も、商標登録の取消審判を請求されることがあります。

審理について

商標が登録された後、その登録について無効審判請求をされると、3人または5人の審判官の合議体によって審理が行われます。

合議体による審理の結果、無効理由がないと判断されると、登録維持の審決がなされます。無効理由があると判断されると、登録無効の審決がなされます。

また、3年以上商標を使っていないとして取消審判の請求をされた

場合も、3人または5人の審判官の合議体によって審理されます。この取消審判を請求された場合、商標権者は、その商標を使っていることを証明しなければなりません。使用していることの証明ができない場合には、登録取消の審決が行われ、商標の登録は取り消されます。複数の指定商品・役務について商標の登録がされていた場合は、取消審判の請求をされた指定商品・役務についてだけ取り消されます。

商標の無効審判の審決や取消審判の審決に不服がある当事者は、知的財産高等裁判所に出訴して、審決の取消しを求めることができます。

■ 更新登録の申請について

登録された商標は、原簿に登録された日から10年間有効で、以降は10年ごとに更新をしていくことができます。更新を続けていくことで、商標権を半永久的に持ち続けることができます。商標権は、更新登録申請のための申請書を作成し、更新料を支払うことで更新されます。更新料は、期間満了の半年前から満了日までの期間に支払わなければなりません。満了日を過ぎてしまっても半年以内であれば更新することはできます。ただ、この場合には、通常の更新料の倍額を納付しなければなりません。

なお、「他人の事業を妨害する目的で、ただ商標を登録しているだけ」といったケースに対応するため、登録後でも3年間継続して使用されていない商標については、他者からの請求によって、登録が取り消されるという不使用取消審判制度が設けられています。

■ 商標権の効力について

商標を登録すると、商標権が与えられます。商標権が及ぶ範囲は全国的なものですから、とても強力なものであるといえます。

具体的には、商標権者となると、登録商標の指定商品（指定役務）について、誰からも訴えられることがなく独占的に使うことができま

す。

　他人が、登録商標と同じかあるいは似た商標を使っている場合には、権利侵害となりますから、侵害者に対して、侵害行為の差止めや損害賠償の請求をすることができます。場合によっては、謝罪広告の掲載を請求することができます。権利の侵害が悪質な場合、たとえばあからさまなコピー商品などに登録商標と同じあるいは類似した商標が使われている場合には、侵害者に対して懲役や罰金などの刑事罰が科されることもあります。

● 出願から登録までの流れ

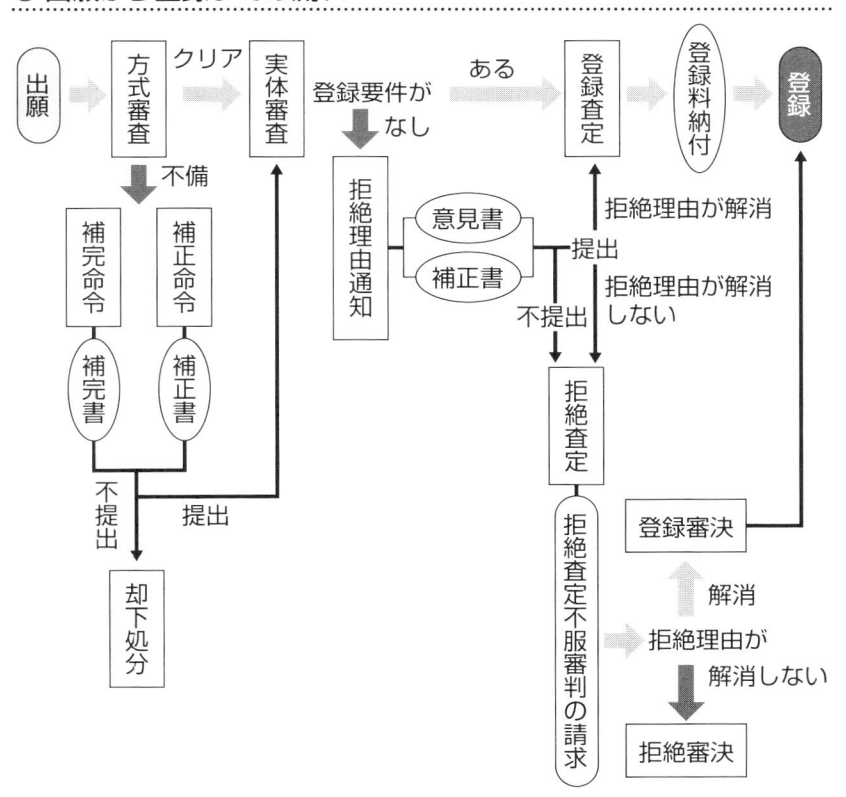

```
出願 → 方式審査 →(クリア)→ 実体審査 →(登録要件がある)→ 登録査定 → 登録料納付 → 登録
         ↓不備                    ↓なし
    補完命令 / 補正命令         拒絶理由通知 →(意見書・補正書)
         ↓                                    提出→ 拒絶理由が解消 → 登録
    補完書 / 補正書                            　　　拒絶理由が解消しない
      不提出 / 提出                            不提出→
         ↓                                    拒絶査定
      却下処分                                   ↓
                                              拒絶査定不服審判の請求
                                                 → 登録審決 → 登録
                                                   解消 ↑
                                                 拒絶理由が
                                                   ↓解消しない
                                                 拒絶審決
```

第3章　商標出願の手続

83

3 電子出願とはどんな手続なのか

自宅にいながら出願できる便利な手続

■ 電子出願のメリット

　電子出願には、紙による出願と比べて、いくつかのメリットがあります。

　まず、特許庁に郵送や持参をしなくても、会社や自宅にいながら、コンピュータ上の操作だけで出願できる点です。もちろん、後述するようなコンピュータや回線設備は必要になります。しかし、地方在住の方であれば、わざわざ東京まで出向く必要もなく、書留料などもかからないのはメリットといえるでしょう。

　さらに、特許庁のサーバーのメンテナンスの時間をのぞいて、基本的には、1年中24時間、いつでも出願することができるという利点もあります。

　また、出願手数料の納付方法も、見込み額の予納制度や、電子現金納付という方法を選ぶことができるようになります。さらに、78ページでも説明した電子化手数料もかかりません。

■ 電子出願のための準備

　電子出願は、受付をする特許庁のサーバー側でも、コンピュータによる処理をします。また、電子文書化して、情報管理を効率的に行うためには、書式やデータのフォーマットがそろっていなければなりませんから、細かく規格が定められています。ですから、パソコンがこれに対応している必要があります。

　ソフトウェアも、出願のときには、出願専用ソフトを利用します。これは、特許庁のサイトからダウンロードして用意します。

その他、必要とされるパソコンのスペックなどは、特許庁のサイトなどで確認をするようにしてください。

また、電子出願のためには、インターネットで、特許庁と接続されている必要があります。インターネット出願方式は、ADSLやCATVなどのブロードバンド回線を利用して出願する方法です。

こうして、インターネットの準備と、対応するスペックのパソコン、それにソフトウェアの準備ができたら、特許庁に接続の確認や、本登録の要求をしていきます。電子出願の場合、本人確認の方法が問題になります。インターネット出願方式の場合は、本人の認証のための電子証明書利用手続をすることで対応しています。電子証明書には、ファイル形式の電子証明書とICカード形式の電子証明書の2種類があります。個人の場合でしたら、ICカード形式の電子証明書の中の地方公共団体の公的個人認証サービスを利用するとよいでしょう。これは、住民基本台帳カードに電子証明書を格納したもので、市町村窓口でICカードの発行を受けることができます。

● **インターネット出願の方法**

```
         ┌─────────────────────┐
         │      特  許  庁      │
         └─────────────────────┘
          ↑    ↓    ↑    ↓   ┐
        送   送   受   受    │
        信   信   領   領    │ ブロードバンド
        フ   結   書   書    │ インターネット網
        ァ   果   の   の    │
        イ   の   要   送    │
        ル   通   求   信    │
        の   知              │
        送                   │
        信                   ┘
         ↑    ↓    ↑    ↓
         ┌─────────────────────┐
         │      出   願   人      │
         └─────────────────────┘
```

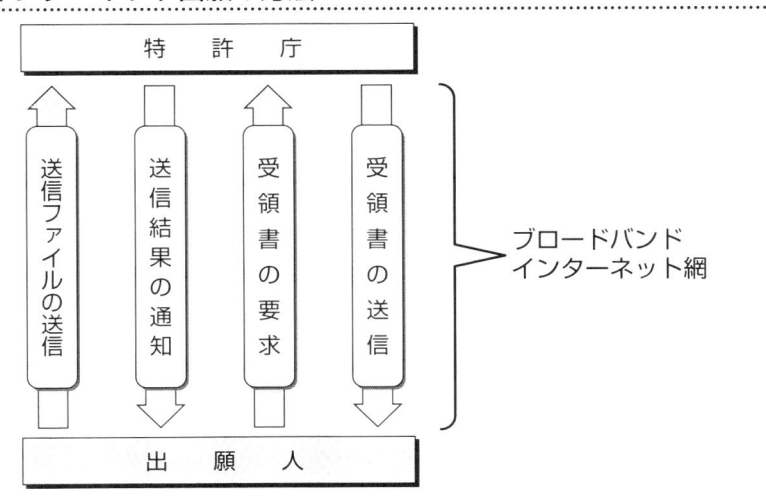

第3章　商標出願の手続

なお、個人でコンピュータや回線設備を揃えるのが難しいときは、発明協会支部などにパソコンも設置されているので、この利用も検討してみてください。発明協会支部は、各都道府県に設置されています。

■電子出願手続の手順

まず、市販のワープロソフトなどを使って、HTML形式で願書を作成します。次に、特許庁から交付されたパソコン出願ソフトに電子データを取り込み、書式チェックを行った後、特許庁の定める電子出願フォーマット（XML）への変換を行って、送信ファイルを作成します。このようにして作成された送信ファイルを特許庁に送信します。ただし、委任状や添付すべき証明書などは、送信することができません。これらは、「手続補足書」に添付して別途提出します。送信ができない文書の送信は、特定手続（オンラインでもできる手続）ではありませんから、電子化手数料は不要です。

送信したデータが無事に受信されると、受付番号の通知とともに送信結果の通知が送られてきます。続いて受領書を要求すると、出願番号の通知とともに受領書が送られてきます。もちろん、これらの通知や受領書は、オンラインで送られてきます。

出願に必要な出願手数料の納付は、見込額の予納制度の利用を届け出ておくことで、簡略にすることができます。

また、電子現金納付なども利用することができます。電子現金納付を利用するには、あらかじめ金融機関との間でインターネットバンキングの利用契約を結んでおく必要があります。

これらの出願手続の詳細は、特許庁のサイトでも詳細に説明されているので、最新の情報の確認とあわせて、利用するとよいでしょう。

4 立体商標について知っておこう

立体的形状で表された商標も登録できる

■ 平面商標と立体商標

　商標というと、以前は、平面に文字・図形・記号、またはそれらの組合せによって示すものだけが認められていました。これを**平面商標**といいます。

　これに対して、立体的な形状によって商品や役務を表す**立体商標**については、商標法は、登録を認めないこととしていました。

■ 立体的形状も登録できる

　しかし、皆さんもご存知のように、繁華街に一歩足を踏み入れると、店舗の内外には、多種多様の立体的な形状が施されていて、商品や役務を消費者に訴えています。そして、実際に、立体的な形状について商標権を認めてほしいとし、商標登録の出願をする者が現れるようになりました。

　このような現状を受けて、平成8年に商標法の改正が行われ、現在では、立体的な形状でも商標として登録ができるようになったのです。

■ 立体商標の具体例

　立体商標も商標である以上、指定された商品や役務と関連していなければなりません。具体的には、次のようなものがあります。

① 商品そのもの

　当然のことですが、商品は立体的です。そして、立体商標が認められたため、商品それ自体の形状についても、商標登録は認められることになりました。

ただ、その種の商品ならどこにでもあるような形状であれば、自他商品の識別は困難なため、商標登録を認める意味はありません。ですから、特別な形状と商品が結びついていなければなりません。
② **商品の容器**
　商品それ自体ではなくても、商品を包んでいる容器が特殊な形状をしていれば、容器がその商品を想起させる機能を有します。食品に関してはとくにその傾向が強いといえます。そのため、容器についても立体商標は認められています。
　ただ、この場合でも、ありきたりの容器や包装ではなく、特有の形状が要求されることになります。
③ **人形や看板など**
　よく飲食店や薬局のチェーン店の店先に、大きな人形が置かれています。その人形は、その店舗で提供されている商品・役務を端的に表していることになります。このような人形・看板についても、商標権が与えられることがあります。好例としては、「ペコちゃん人形」や「カーネル・サンダース人形」などが、立体商標として認められ、登録されています。

■まだ認められていないもの

　このように産業の発展とともに、新しく商標と認められるものが増えてきました。しかし、まだ出願されても商標とは認められていないものもあります。
　たとえば、音、香り、動きなどの商標です。ところが、アメリカ、イギリス、ドイツ、フランス、オーストラリアなどではすでに認められています。また、韓国においても、動く商標、ホログラム商標などが認められるようになってきました。したがって、日本においても、企業の取引の国際化が進んでいることから、今後、これらの商標が新しく認められる可能性もあるでしょう。

5 団体商標・地域団体商標について知っておこう

地方の産業振興のために認められた商標

地域の特産品と商標

　日本には、全国的に、その土地の気候や歴史の中で育まれた特産品があります。北海道のバター飴、青森のりんご、水戸の納豆、宇都宮の餃子、讃岐うどん……数え上げたらキリがないほどです。これらの特産品は、地元観光客に対するお土産となるだけでなく、全国的、場合によっては海外にまで出荷され、かなりの利益をもたらします。

　特産品の名称がその形状・品質と一体となり、さらに他の地域からも評価されるようになると、一種の商品ブランドを形成し、より一層の財産的価値をもつことになります。そうなると、生産・販売をしている団体を作った上で特産品の名称を商標登録して、その構成員に対してのみ商標の使用を認めるという方法が効率的になってきます。フランチャイズ契約を個別に作成するよりは、統一的な取扱いが可能となり、全国展開も容易になるからです。

団体商標とは

　この観点から、**団体商標**という制度が用意されています。

　団体商標では、地域の特産品を製造・販売している団体などが主体となって商標登録を行い、商標権者と認められます。

　また、団体が商標権者となっても、団体だけで商標を使用する場合には、登録は拒否されます。もっとも、その場合には、通常の商標と異ならないので、通常の商標登録出願へと変更することもできます。

◼ 団体商標が登録されると

団体商標が登録されると、次のような効果が発生します。

① 団体商標の商標権

団体商標権が認められると、団体自体がその商標を独占的・排他的に使用することができます。これは当然、団体が商標を使用することができることを意味します。ただ、前述のように、団体自体だけではなく、その構成員の使用も認めなければなりません。

② 自己規制

商標権が与えられた団体は、その構成員を内部統制して団体全体の利益を守らなくてはなりません。構成員は、商標について決められた品質などを維持しつつ、商品・役務を提供しなければなりません。

◼ 地域団体商標とは

最近、「地方の時代」とか「地方分権」などといわれていますが、産業面でも地域振興が盛んになっています。その地域の特産品を、商工業の組合などが中心となり地方自治体の支援を受けるなどして、全国的に売り出すといったことが行われています。

この場合、地域の特産品を他の産品と識別化することが必要になります。しかし、従来は「地域名＋商品名等」の商標登録が原則として認められておらず、新しい特産品の育成には向かない、という欠点がありました。そこで、地域ブランドを適切に保護することにより、地域経済の活性化を支援するため、**地域団体商標**という制度が、平成18年から施行されたのです。

通常の商標登録要件の他に、地域団体商標の登録要件として、地域名と商品・役務が密接に関連し合って、他と識別されることが必要です。たとえば、商品の産地である場合、役務の提供の場所である場合、製法がその地域に由来している場合、主要な原材料がその地域において生産されている場合などがこれにあたります。また、出願は、特産

品を製造・販売する事業協同組合などが出願人となって行います。

 ただ、全国的に知られている必要はなく、所属する都道府県と隣接する都道府県程度に知れ渡っていれば十分です。

地域団体商標が登録されると

 独占的・排他的にその商標を使用する権利が発生します。この効力は全国に及びます。ただし、地域団体商標が出願される前からすでにその商標を使用している第三者には、そのまま使用する権利が認められます。この場合、地域団体商標権者から請求があれば、混同を避ける表示をする必要があります。そして、通常の商標権と同じように、権利の存続期間は10年で、更新も認められています。

 ただ、通常の商標権に認められている、第三者への譲渡と専用使用権の設定は許されません。

● 団体商標と地域団体商標

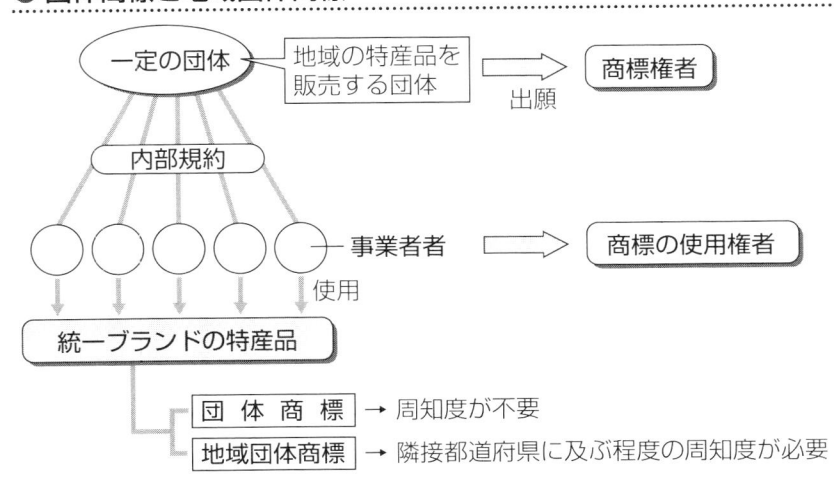

```
        一定の団体 ──→ 地域の特産品を     ══出願═⇒  商標権者
          │           販売する団体
          │
        内部規約
          │
  ○  ○  ○  ○  ○ ── 事業者者      ═════⇒  商標の使用権者
  │  │  │  │  │      使用
  ▼  ▼  ▼  ▼  ▼
  統一ブランドの特産品
          │
          ├─ 団 体 商 標   → 周知度が不要
          └─ 地域団体商標  → 隣接都道府県に及ぶ程度の周知度が必要
```

6 地域団体商標制度を有効に活用しよう

全国的に有名になる前でも利用することができる

■ 地域ブランドによる地域経済の活性化が狙い

現在、各地でその地域の産物や工芸品やサービスを、もっと発展させていきたい、そして地域を活性化させたいということから、様々な活動が取り組まれています。その取り組みの一環として、「地域ブランド化とその保護」に関する商標法の改正が行われました。

地域ブランド化とは、地域の特色を活かした商品やサービスを提供することで、他の地域のそれとの差別化を図り、付加価値を高めていくことです。ところが、努力して良い商品やサービスを生み出し、せっかく有名にした地域ブランドを、第三者が勝手に便乗して使う場合があります。そのような場合に備えて、地域ブランドを法律的に守っていくことが必要となります。

■ 登録が認められると警告や差止請求ができる

法律的に守っていくために、地域ブランドを商標登録しておくことはとても有効な方法です。商標とは、「商品やサービスの目印となるマーク（文字や図形等）」をいいますが、商標を登録できれば、便乗使用者に対して商標権に基づいて迅速に警告、使用の差止請求、損害賠償の請求などをすることができます。

ところで、地域ブランドの商標というと、「地域名」と「商品名又はサービス名」を組み合わせたものが多く見られます。しかし、これまでの商標法では、このタイプの「地名入り商標」は、全国的に有名であるような場合（例：夕張メロン）と、図形と組み合わせた場合（例：関あじ・関さば）しか商標登録できませんでした。

■多くの地域ブランドが誕生している

一方、知的財産推進計画2004において、「農林水産物等の地域ブランドの保護制度の在り方について、産品・製品等の競争力強化や地域の活性化、消費者保護等の観点から」、「地域ブランドの保護制度を検討する」ことが決定されました。

● 地域団体商標の登録要件

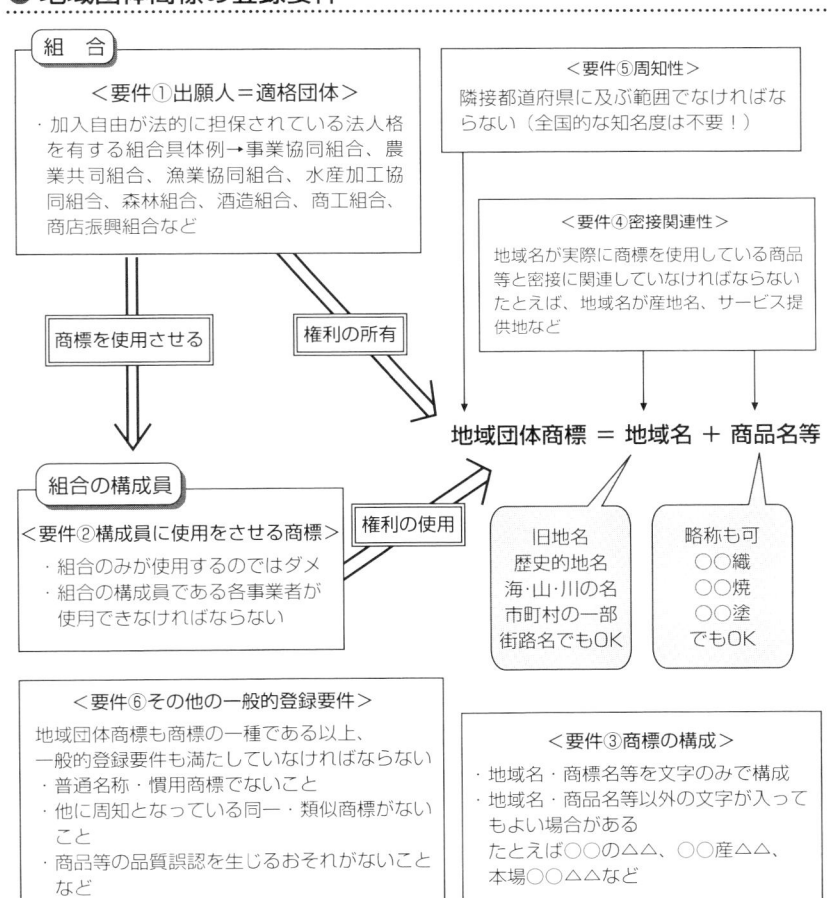

【組合】
<要件①出願人＝適格団体>
・加入自由が法的に担保されている法人格を有する組合 具体例→事業協同組合、農業共同組合、漁業協同組合、水産加工協同組合、森林組合、酒造組合、商工組合、商店振興組合など

↓商標を使用させる　↓権利の所有

【組合の構成員】
<要件②構成員に使用をさせる商標>
・組合のみが使用するのではダメ
・組合の構成員である各事業者が使用できなければならない

権利の使用 →

<要件⑤周知性>
隣接都道府県に及ぶ範囲でなければならない（全国的な知名度は不要！）

<要件④密接関連性>
地域名が実際に商標を使用している商品等と密接に関連していなければならない
たとえば、地域名が産地名、サービス提供地など

地域団体商標 ＝ 地域名 ＋ 商品名等

旧地名
歴史的地名
海・山・川の名
市町村の一部
街路名でもOK

略称も可
○○織
○○焼
○○塗
でもOK

<要件⑥その他の一般的登録要件>
地域団体商標も商標の一種である以上、一般的登録要件も満たしていなければならない
・普通名称・慣用商標でないこと
・他に周知となっている同一・類似商標がないこと
・商品等の品質誤認を生じるおそれがないことなど

<要件③商標の構成>
・地域名・商品名等を文字のみで構成
・地域名・商品名等以外の文字が入ってもよい場合がある
たとえば○○の△△、○○産△△、本場○○△△など

第3章　商標出願の手続

そこで、地域ブランドの商標登録を、今までより広く認めようという商標法の改正が行われ、平成18年4月1日から施行されています。地域団体商標制度の新設です。この新しい地域団体商標制度の下では、地域ブランドが全国的に有名になる前でも隣接都道府県の範囲で知られていれば、「地域名＋商品名等」の文字だけの商標登録ができるようになりました。地域団体商標として登録を受けるためには、通常の商標登録要件の他に、商標が地域の名称と商品・役務の名称で構成されること、地域と商品（役務）との密接関連性、商標の周知性といった要件を満たすことが必要です（前ページ図）。

　農業協同組合や事業協同組合などは、この制度を有効に活用することで、今までよりも早い段階で地域ブランドを商標登録できるようになったということができます。

　今では、大間まぐろ、仙台味噌、草津温泉、小田原かまぼこ、輪島塗、静岡茶、松阪牛、京友禅、神戸牛、広島かき、道後温泉、長崎カステラ、琉球泡盛などが登録されています。

■地域団体商標活用による地域ブランド化の推進

　地域ブランド化を推進するためには、市場戦略・商品開発戦略・広告宣伝戦略などももちろん大事です。しかし、ブランド管理という面では知的財産戦略が、これからますます大事になっていくと思います。この戦略が甘いと、便乗使用者の横行などによって、せっかくの地域ブランド化の努力が台無しになりかねません。逆にしっかりしていれば、地域ブランド化をより安定的に展開することができます。

　この新しい地域団体商標制度を有効に活用することにより、地域ブランドによる競争力の強化と、地域経済の活性化が今後ますます進んで行くことでしょう。

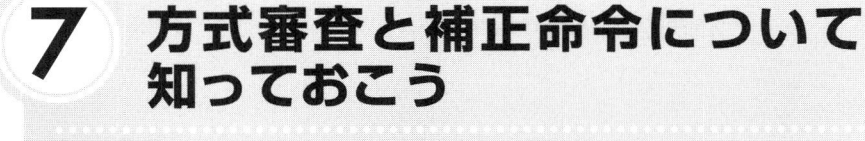

7 方式審査と補正命令について知っておこう

指定期間内に補正をすれば適法な出願になる

■ 方式審査とは

出願にあたっては、必要な書式を整え、手数料を納付します。

特許庁の窓口で出願されると、まず、「方式審査」が行われます。方式審査とは、出願が法律に従って行われているのか、所定の書式を整えているのか、所定の手数料が納付されているのか、といった形式的な要件を審査することです。

この方式審査をパスすると、次は、商標そのものに対する登録要件の有無の審査に手続が進みます。

■ 補正命令と補完命令

方式審査の結果、出願が形式的要件をみたしていないと判断されると、特許庁長官から補正命令が行われます。補正命令とは、方式上の軽微な不備について、指摘された不備を直してすぐに提出すれば、却下せずにそのまま適法な出願と認めるという制度です。

ただ、不備が軽微ではなく、重大な欠陥を含む場合には、補正ではなく「補完」という手続が採られます。補完を命ずる特許庁長官の命令を補完命令といいます。

■ おもな補正事項

補正はあらゆるケースで必要となりますが、そのおもなものとして、以下のものが挙げられます。

・記載事項の変更
・不足する記載事項の追加

- ・余分な記載事項の削除
- ・添付すべき物件の提出
- ・不足している手数料の納付
- ・その他

■ 手数料の補正

　出願などの際に手数料が未納あるいは不足だった場合には、補正命令が送られてきます。その際は、手続補正書によって、納付しなければならない手数料を補正（納付）します。この未納や不足には、次のような場合も含みますので注意してください。

① 予納で納付した場合に、予納台帳番号を誤記してしまったために引き落としができなかったとき
② 現金納付の場合に、オンライン手続の日から3日以内に手続補足書により納付済証を提出しなかったとき
③ 電子現金納付の場合に、納付書番号を誤記してしまったために、納付確認ができなかったとき

■ 補正の期間と効果

　補正はいつまでも許されるものではありません。補正命令によらず、出願人が自発的に補正する場合は、出願が審査や審判などに係属しなくなったときには、補正をすることができません。したがって、登録査定・拒絶査定が確定した場合や登録審決・拒絶審決が確定した場合には、もはや補正が許されません。さらに、補正命令によって補正する場合は、補正命令で指定された期間内に行わなければなりません。一般的には、30日間が期間として指定されます。

　指定期間内に補正しないと、特許庁長官は、出願を却下できます。却下に異議のある出願人は、却下処分を知った日から60日以内に行政不服審査法に基づいて異議を申し立てることができます。

逆に、指定期間内に補正がなされて、方式が具備されると、最初に出願をした日に適法な出願がなされたものとなります。その日より後に同一または類似の商標を出願した者があったとしても、それに優先することになるのです。

補完命令の場合

　補完命令は、重大な欠陥がある場合に「手続補完書」によって行います。補正の場合と異なる点は、たとえ補完がなされたとしても、手続補完書を提出した日が出願日として認定される点です。重大な欠陥とは、おもに以下のものです。
・商標登録を受けようとする旨の表示が不明確である
・商標登録出願人の氏名・名称の記載がない、あるいは不明確である
・商標が記載されていない
・指定商品・役務の記載がない

● 方式審査の流れ

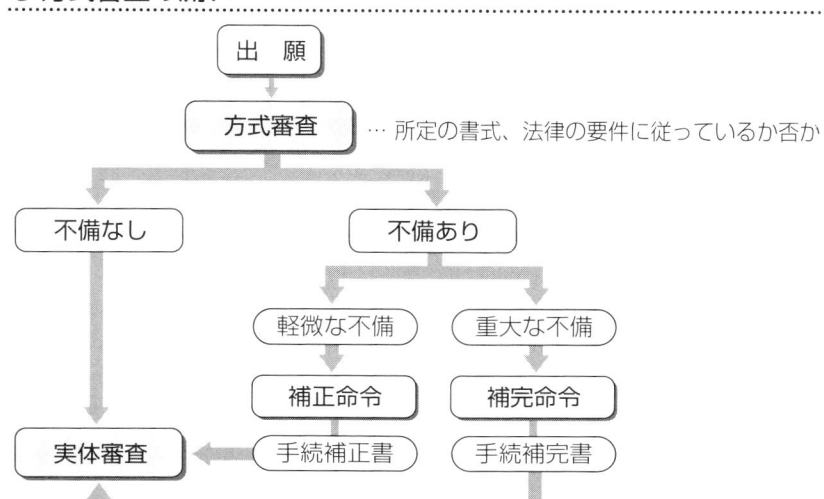

```
                    出　願
                      ↓
                  方式審査  … 所定の書式、法律の要件に従っているか否か
                   ↙    ↘
              不備なし   不備あり
                          ↙    ↘
                     軽微な不備  重大な不備
                        ↓         ↓
                     補正命令   補完命令
                ←  手続補正書  手続補完書
              実体審査
```

8 実体審査と拒絶理由について知っておこう

拒絶理由の有無が審査される

■ 実体審査とは

　必要な書式を整え手数料の納付も完了すると、方式審査を通過できます。そして、商標それ自体を登録できるかどうかが審査されます。これを実体審査といいます。

　実体審査では、専門家である特許庁の審査官が商標登録を拒絶する理由があるかどうか検討します。拒絶理由を発見した場合は、審査官は出願に対して拒絶理由の通知を行います。

　逆に、拒絶理由が発見されないと、審査官は商標を登録する旨の決定を下さなければなりません。これを登録査定と呼びます。

■ 拒絶理由

　商標登録の実体審査では、拒絶理由の有無を審査します。拒絶理由がない場合は、審査官は登録査定をしなければなりません。拒絶理由には、次のものがあります。

①商標によって、出願人の業務にかかる商品・役務と他人の業務にかかる商品・役務の識別ができない場合

　たとえば、aその商品・役務の普通名称を普通に用いられる方法で表示する標章だけからなる商標、b慣用商標、c商品の産地、販売地、品質や役務の提供場所や質などを普通に用いられる方法で表示する標章だけからなる記述的商標、dありふれた氏または名称を普通に用いられる方法で表示する標章だけからなる商標、などです。

②公益上の理由あるいは私益保護のために、登録すべきではない商標に該当する場合

たとえば、a国旗、菊花紋章、勲章または外国の国旗と同一・類似の商標、b条約加盟国の紋章その他の記章と同一・類似の商標、c国や公共団体を表示する著名な標章と同一・類似の商標、d公序良俗に反する商標、e他人の肖像、氏名、名称を含む商標、f未登録で有名な他人の商標と同一・類似で、かつそれと同一・類似の商品・役務について使用するもの、g登録防護標章と同一の商標で、かつそれと同一の商品・役務について使用するもの、h商標権が消滅した日から1年が経過していない商標、i他人の業務と出所混同を生じるおそれがある商標、j他人の先願登録商標と同一・類似の商標、などです。

「意見書」の提出

実体審査の結果、拒絶理由が発見されても、すぐに拒絶査定が出るわけではありません。実体審査は判断が微妙ですし、出願人が補正することで簡単に拒絶理由が解消される可能性もあるからです。

そこで、審査官は拒絶査定をする前に、出願人に対して拒絶理由の通知を行い、指定期間内に「意見書」を提出する機会を与えます。出願人は拒絶理由に納得できない場合には、自分の意見を陳述した書面を提出できるのです。意見書の提出期間は、原則として、拒絶理由通知の発送日から40日以内です。

「手続補正書」の提出

出願人が拒絶理由を検討した結果、補正すれば拒絶理由が解消されると考えた場合には、意見書とともに手続補正書を提出することもできます。補正により拒絶理由が解消すると、登録査定されて、商標登録が認められることになります。

ただ、補正はあくまで当初の出願の同一性を維持する範囲で認められる手続ですから、当初の出願の要旨を変更しない限度でのみ許容されます。要旨を変更する補正は却下されて、結局は、拒絶査定がなさ

れることになります。

要旨の変更に該当する補正は、①商標それ自体を変更すること、②指定商品・役務の範囲を変更や拡大することなどです。逆に、指定商品・役務の範囲の縮小、誤っている指定区分の訂正などは、要旨の変更には該当しません。

■ 分割出願

商標「X」について、甲が指定商品をA及びBとして出願し、商品Aについてのみ拒絶理由があったとします。この場合、商品Aの拒絶理由が解消されないと商品Bもあわせた出願全体が拒絶されます。そうすると、その後、商品Bについて乙が同じ商標「X」で出願すれば、甲よりも先に登録を受けることができてしまいます。

こうした場合に備え、甲は商品Aを分割して新たな出願とし、残る商品Bのみ手続を進め、先に登録を受けることができます。これを**分割出願**といいます。甲は、とりあえず商品Bについては、他に拒絶理由が見つからなければ商標権を確保できるのです。

■ 拒絶査定・登録査定

出願人が指定期間内に意見書・手続補正書を提出しない場合、または提出したものの拒絶理由が解消できないと判断される場合には、審査官は、拒絶査定をすることになります。その場合、出願人には、拒絶査定の謄本が送達されます。

一方、意見書・手続補正書を検討し、拒絶理由が解消されたと判断されれば、審査官は登録査定をすることになります。その場合、出願人には登録査定の謄本が送達されます。

9 拒絶査定が行われたらどうすればよいのか

不服審判を請求する道がある

■ 拒絶査定

拒絶理由通知で指定された期間内に意見書や手続補正書が提出されなかったり、提出されても拒絶理由が解消されなかった場合、審査官は拒絶査定を行います。

拒絶査定が行われると、出願人には拒絶査定の謄本が送達されます。この結果に納得がいかない場合、対抗手段が用意されています。

■ 審判の請求

商標登録のような専門的知識を要する判断については、裁判を起こす前に、行政の専門機関でもう一度審査をした方が効率的です。そのため、拒絶査定に不服のある出願人は、特許庁長官に対して、拒絶査定に対する不服審判を請求することになります。

審判請求は、「審判請求書」（様式第14の2）を提出して行います。

なお、請求に際しては、15,000円＋（区分の数×40,000円）の特許印紙代を納付する必要があります。また、紙で提出した場合は、さらに電子化手数料がかかります。

■ 請求期間

審判請求は、法定の期間内にしなければなりません。いつまでも法律関係を、不確定な状態にしておくわけにはいかないからです。

請求期間は、拒絶査定謄本の送達を受けてから3か月以内です。もっとも、天災があったような場合には、例外的に期間が延長されます。期間経過後6か月以内に限って、その理由がなくなった日から14

日以内に審判請求ができます。

■ 審理と審決

　請求を受けて、3名または5名の審判官が、拒絶理由について審理することになります。

　審理の過程で、もともとの拒絶理由とは異なる拒絶理由が発見されたら、請求人にその旨が通知され、指定期間内での意見陳述の機会が与えられます。また、要旨の変更をともなわない範囲で、補正をすることも認められています。

　審理の結果、拒絶理由なしとなると、登録をすべき旨の審決（登録審決）、または改めて審査すべき旨の審決（差戻し審決）が下されます。登録審決が下されると、登録審決の謄本が送達され、登録料を納付することにより商標登録が完了します。

　また、拒絶理由が正当であると判断されると、拒絶審決が下されます。拒絶審決が確定すると、出願は拒絶されます。

　なお、拒絶審決に不服がある場合には、審決の謄本が送達された日から30日以内に、知的財産高等裁判所に対して審決取消訴訟を提起することができます。

● 拒絶査定への対応

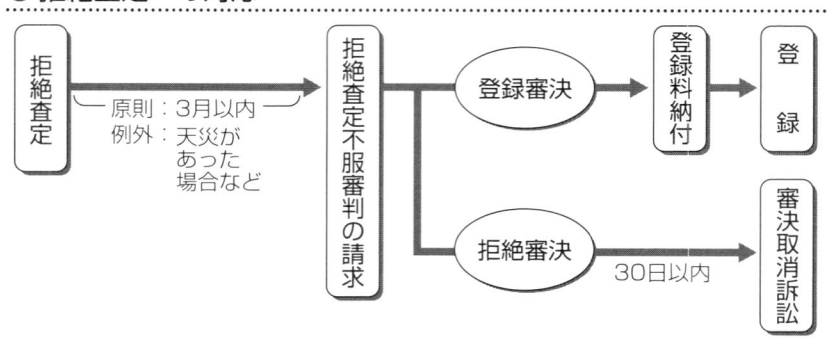

拒絶査定 ─原則：3月以内→ 拒絶査定不服審判の請求
例外：天災があった場合など

拒絶査定不服審判の請求 → 登録審決 → 登録料納付 → 登録

拒絶査定不服審判の請求 → 拒絶審決 ─30日以内→ 審決取消訴訟

■ 訴訟提起後の流れ

　裁判所が、前述の訴訟で、審決を取り消すべきと判断すれば、請求認容判決が出されます。それが確定すると、審決が取り消され、再び特許庁の審判において、判決の趣旨に従った審決が出されることになります。一方、裁判所が、拒絶審決が妥当と判断すれば、請求棄却判決が出されます。

　出願人は、この判決に不服があれば、最高裁判所に上告することができます。

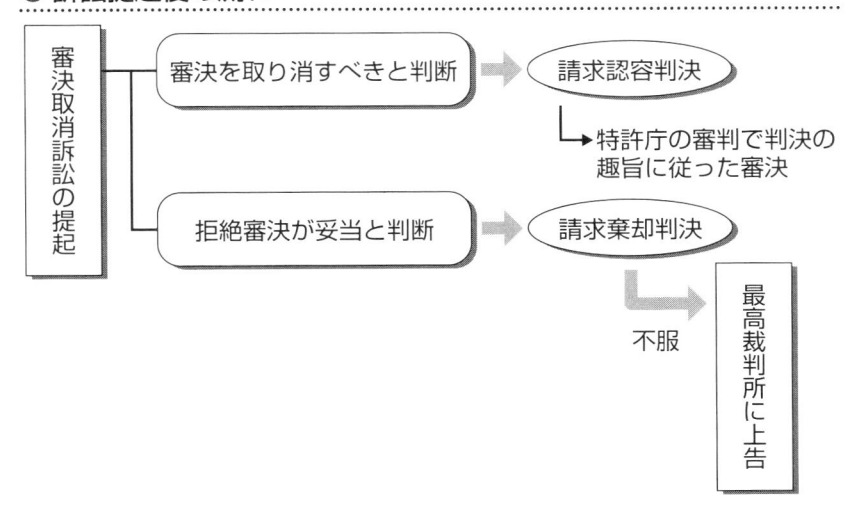

● 訴訟提起後の流れ

審決取消訴訟の提起
- 審決を取り消すべきと判断 → 請求認容判決 → 特許庁の審判で判決の趣旨に従った審決
- 拒絶審決が妥当と判断 → 請求棄却判決 → 不服 → 最高裁判所に上告

10 登録査定がなされたら登録料を納付する

登録料の納付方法は2種類ある

■ 拒絶理由がなければ登録査定がなされる

　審査の結果、商標につき拒絶理由がないか、または、意見書・手続補正書の提出により拒絶理由が解消された場合には、審査官により登録査定がなされます。

　登録査定が行われると、その謄本が出願人に送達されます。

■ 登録料を納付する

　登録査定が行われたからといって、それだけで商標登録されるわけではありません。商標を登録するには、登録料を納付する必要があります。

① 金額

　登録料の金額は、指定する商品・役務の区分に応じて決定され、一括納付なら1区分につき37,600円となっています。

② 納付期間

　登録料は、登録査定の謄本が送達された日から30日以内に納付しなければなりません。

　多忙などにより時間がないときには、請求により30日間延長することができます。

■ 分割納付

　商標は特定の商品または役務と結びついて機能しますが、場合によっては、出願人が当初思っていたほど効果を発揮しない可能性もあります。そのような場合に備えて、登録料を5年ごとの2回に分けて

納付することも許されています。
① 納付期間

分割納付の場合の納付期間ですが、まず、前半分の納付期間は、登録査定の謄本が送達された日から30日以内です。この点は、一括納付の場合と異なりません。

次に、後半分の納付期間ですが、設定登録から前半5年間の満了日までの間に納付すべきことになっています。ただ、後半分については、うっかりして納付を忘れたまま納付期間が過ぎてしまうこともありえます。そのため、期間経過後でも6か月間は追納することが認められています。この場合、正規の登録料以外に、同額の割増料が加算されます。

② 登録料

分割納付の場合の登録料ですが、一括納付の場合に比べて割増となっています。1区分につき前半分が21,900円、後半分も21,900円となっています。一括納付の場合に比べて、6,200円高くなるわけです。

③ 区分が複数にまたがる場合

1つの商標「X」を出願する際に、指定商品・役務が区分Aや区分Bにまたがっている場合、区分Aについては一括納付、区分Bについては分割納付という納付方法はとれないので注意してください。

登録料の返還請求

登録料を過分に納付してしまった場合、その分の返還を請求することはできます。返還請求の期限は納付日から1年以内です。ただ、分割納付の方法を選択した場合で、存続期間満了前5年までに商標登録が無効または取消しとなり確定した場合には、後半分をすでに納付していたとしても、無効または取消しの確定後6か月以内であれば返還請求することができます。

11 商標登録証が交付されたらどうする

商標登録証自体には法的な効力はない

■ 交付までに少し時間がかかる

　登録査定を受け、その謄本送達後30日以内に登録料を納付すると、商標が商標原簿に登録されて、念願の商標権が取得できます。登録料の納付から登録までは1週間程度かかると見てください。

　商標権を取得した、商標権者には「商標登録証」が交付されます。商標登録証は、特許庁から郵便で送付されます。

　商標登録証は、商標が登録されていることを示すだけで、それ以上に法的な効力を有するわけではありません。たとえ商標登録証を紛失したとしても、商標権を失うわけではありません。また、手形をはじめとする有価証券のように、その所持を信頼して取引をした第三者を保護するといった機能もありません。なお、商標登録証を紛失した場合には、再交付を請求することができます。

■ 商標登録証の記載事項

　商標登録証に記載される事項は次のものです。
・登録番号または国際登録の番号
・登録商標
・指定商品・役務とその区分
・商標権者の氏名・名称、住所・居所
・商標権の設定の登録があった旨
・登録の年月日
・その他、必要な事項

12 商標公報を見た人が異議申立てをすることもある

公報の発行日から2か月以内に異議申立てができる

■ 商標公報の発行とは

　出願していた商標が商標原簿に登録されると、商標は特許庁が発行する「商標公報」に掲載されます。商標権は、排他的かつ独占的に商標を使用することができる権利であり、社会的にも大きな影響力のある権利なので、どのような商標について商標権が認められたかを、世間一般に公示します。商標公報には、以下の事項が掲載されます。

・商標権者の氏名・名称、住所・居所
・商標登録出願の番号及び年月日
・願書に記載した商標
・指定商品または指定役務
・登録番号及び設定の登録の年月日
・その他、必要な事項

　そして、商標公報に掲載された商標につき、異議のある第三者は、登録異議の申立てをすることができます。

■ 登録異議申立ての手続

　登録異議の申立ては、以下の手続で行います。

① **申立期間**

　異議申立ての期間は、登録された商標が掲載された商標公報の発行日から2か月以内です。

② **書式**

　異議申立ては、特許庁長官に対して「異議申立書」を提出して行います。書式は「様式第13」に従います（商標法施行規則12条）。

③ 手数料

手数料は、1件につき3,000円に、異議申立てにかかる区分数に応じて、1区分につき8,000円を加えた額がかかることになります。

■ 異議申立ての審理

異議申立ての理由は限定されていて、商標法に規定されています。

普通名称や慣用商標にあたり、商標登録の要件を充たさない場合、すでに同一、類似の登録商標がある場合などです。

異議申立ての審理は、3名または5名の審判官によって行われます。

審理の結果、異議に理由がないと判断されたら、登録維持の決定がなされます。

異議に理由があると、登録が取り消されます（取消決定）。この場合、事前に商標権者及び参加人に対して取消理由の通知がなされ、意見書を提出して反論する機会が与えられています。

● 登録異議申立ての手続き

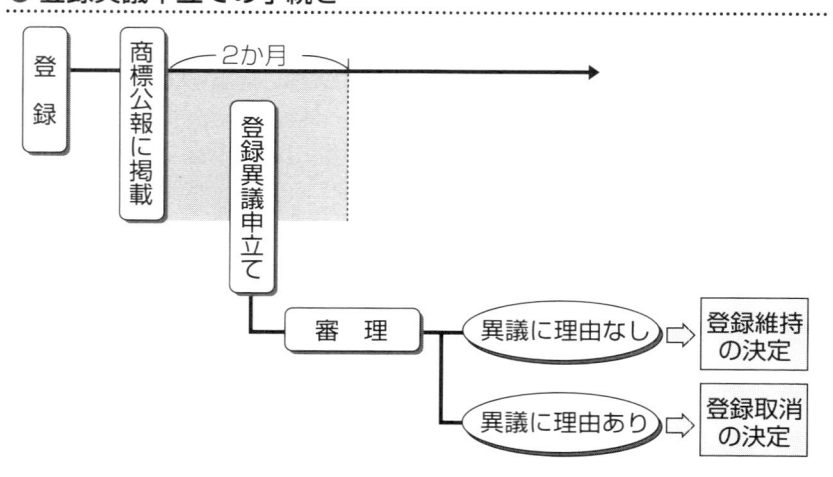

13 防護標章とはどんな制度なのか

著名な商標を守るための制度である

■ 防護標章について

防護標章制度とは、ある商標があまりに有名になっていて、その商標が登録されている商品・役務以外の商品・役務であっても他者が登録してしまうと消費者や業者が混乱してしまう可能性がある場合に、混乱を回避するために考えられた制度です。

他人に使われると商標権者の業務と混同するおそれがある商品やサービスについて、商標権者が使用しない商品やサービスであっても登録している商標と同じ標章の防護標章登録を受けることができるのです。防護標章登録出願を行うことができるのは、商標権者だけです。また、出願の際、すでに著名な登録商標が存在している必要があります。防護標章として登録を認められると、特許庁に「著名商標」として認められたことになります。著名商標として登録を受けると、混乱を回避する効果だけでなく、その企業が著名であることを一般に印象づけるというメリットもあります。

ただ、防護標章が登録されると、その効力は、通常の商標権とは異なり、登録を受けた標章および商品・役務と同一の範囲にしか及びません。防護標章登録に基づく権利の範囲は、通常の商標権のように、似ている商標には及びません。同じ商標に対してだけ、権利を主張することができるのです。実際に登録されている防護標章には、キヤノン、キューピー、ＮＴＴ，エプソン、ＩＢＭ、コクヨなどがあります。

出願手数料は、1件につき6,800円に1の区分につき17,200円を加えた額です。

14 他人が商標を使用してもかまわない場合とは

一定の場合には商標権の効力が及ばない

■ 商標権は独占的・排他的な権利である

　商標権の特徴は、商標を商標権者が独占的・排他的に使用することができる点です。商標権者以外の者が、登録された商標を使用したい場合には、商標権者の許諾を得なければならず、それに違反すると、使用を差し止められたり、損害賠償を請求されたりします。

　しかし、常に、商標権にこのような効力が認められるわけではありません。商標権の効力は市場全体に及んでいるため、この効力をそのまま認めたのでは、どうしても不都合が生じる場合があります。

　そこで、例外的に他人が商標を使用してもかまわない場合として、以下のものが認められています。

■ 自分の氏名を使用する場合

　たとえば、「○山△男」という人が、お菓子を製造・販売したいと思っています。ところが、「○山」というロゴの入った商標がすでに登録されており、同じお菓子が指定商品として製造・販売されていました。原則からすると、「○山△男」さんがそのままお菓子を製造・販売すれば、商標権侵害となってしまいます。

　しかし、パッケージには製造元として氏名や会社名を記載しなければなりません。商標権侵害を理由にこれを認めないのでは、事業ができなくなってしまいます。

　そこで、その商品・役務の提供にかかわる物品に通常氏名が記載される部分に、通常記載される態様で自分の氏名を表示する場合には、例外的に、商標権の侵害とは認めないことになっています。

普通名称である場合

登録しようとしている商品の名称がその商品の一般的な名称として認識されている場合には、自他商品（自分の商品と他人の商品）を識別する力がないため、そもそも審査で拒絶され、登録を受けられないはずです。しかし、ときには誤って登録されることもあります。その場合、今まで普通名称だと思って使用していた人は、無効審判でその商標の登録を無効にしない限り、商標権侵害の責任を追及されてしまいます。

そこで、このような場合は、無効審判を請求するまでもなく、誰でも使用することができるとしています。

慣用商標である場合

ある種類のお菓子について、その製菓業界のどの業者も「△」という商標を使用していくと、もはや「△」という商標は、商品間での識別機能は喪失されてしまいます。

このように、同種の商品・役務について、同業者間で慣用されるに至ったため、商品間・役務間の識別力を喪失した商標を「慣用商標」といいます。慣用商標については、他人が使用しても問題とはならないのです。

記述的商標である場合

商品や役務について、その産地・提供場所・質・数量・用途などが、商標の内容となっている場合があります。このような商標を「記述的商標」といいます。

記述的商標の場合、このような内容の記載ができないと、商品・役務についての説明・記述ができなくなり、取引秩序を害する結果となります。そのため、他人も使用することができるのです。

15 商標権は財産として活用できる

他人に譲渡したり使用を許諾して利益を得ることができる

■ 商標権の性質

　商標は、特定の商品や役務と結びつき、その商品や役務と一体となって経済的効果を発揮します。そのため、商標は登録により商標権という権利の対象となり、法的に保護されるのです。つまり、権利者はその商標を独占的・排他的に使用することができるのです。

　具体的には、他人が商標権者の許諾なく、その商標を使用すれば、その差止めを請求できます。さらに、損害（得ることができたであろう利益）が発生していれば、その賠償を請求することもできるのです。

　このように商標権は、権利として、商標の有する財産的価値を確保する働きをします。さらに、商標権には、より積極的に活用する方法が認められています。

① **譲渡する（書式は次ページ参照）**

　所有者などと同じように商標権も他人に譲渡し、対価を得ることが認められています。商標登録はしたものの、何らかの理由で、商品や役務の製造・販売ができなくなった場合など、商標そのものを他人に譲渡することで、投下資本の一部を回収することができます。

② **ライセンス契約で使用させる（書式は118ページ以下参照）**

　商標権自体は手放さず、それを使用させることだけを許諾することも可能です。これをライセンス契約といいます。商標権者は、使用を許諾する代わりに、商標の使用許諾料としてライセンス料を得ます。

書式　商標権譲渡契約書

　　　　　　　　　　　商標権譲渡契約書

収入印紙
　（割印）

　○○○○株式会社（以下「甲」という）と××××株式会社（以下「乙」という）は、甲の所有する商標につき、下記のとおり譲渡契約を締結する。

第1条（本契約の対象商標）　甲は、その所有に関する下記商標権（以下「本件商標」という）を乙に譲渡することとし、乙はこれを譲り受けることとする。

記

　商標登録　第○○○○○○○号
　商標登録　第○○○○○○○号

第2条（商標権の対価）　乙は、前条に定める本件商標の譲渡の対価として、金○○○○○円を本契約締結の日から30日以内に第3条の定める方法により送金して甲に支払うこととする。
2　前項の規定により支払われた対価は、理由の如何を問わず乙に返還されないものとする。

第3条（商標権の対価の支払方法）　前条に規定する対価は、甲があらかじめ指定する銀行口座に乙が振り込んで支払うものとする。

第4条（登録手続および費用負担）　乙は、甲の許諾をもって、自己の費用により、本件商標の移転登録申請手続を単独で行うことができる。
2　甲は、第2条第1項に定める対価の支払と引き換えに、本件商標の移転登録申請手続に必要な一切の書類を乙に交付することとする。

第5条（登録料納付義務）　登録料は、甲が前条第2項に定める書類を乙に交付した日を基準として、交付の前日までの分を甲が負担し、交付日以後の分を乙が負担する。

第6条（管轄裁判所）　本契約における権利義務の紛争に関する訴

訟は、甲の本店所在地を管轄する地方裁判所を第一審の管轄裁判所とする。

第7条（協議）　本契約に定めのない事項は、甲乙双方、民法、商標法その他の法令および慣習に従い、誠意をもって協議し、解決する事とする。

本契約の成立を証するため、本書2通を作成し、甲乙双方が記名押印の上、各自1通ずつ保有する。

（以下、日付、譲渡人・譲受人の住所・氏名については省略）

書式　商標権譲渡証書

```
収入印紙
　（割印）
```

譲渡証書

平成○○年○○月○○日

譲受人
　　住所（居所）　東京都○○区○○○丁目○番○号
　　氏名（名称）　○○　○○　殿
　　（代表者）

商標登録番号　第○○○○○○号

　上記商標権は、私（弊社）所有のところ、今般、これを貴殿（貴社）に譲渡したことに相違ありません。
　なお、本譲渡に基づく商標権移転の登録を貴殿（貴社）が単独で申請することに異議なく、これを承諾します。

譲渡人
　　住所（居所）　東京都○○区○○○丁目○番○号
　　氏名（名称）　○○　○○
　　（代表者）

16 専用使用権と通常使用権とはどのようなものか

使用権を設定すると第三者が適法に商標を利用できる

■ 使用権が認められた背景

　使用権とは、商標権者などの意思によって、登録商標の使用を自分以外の他人に認めることをいいます。この使用権を取得すると、商標権者などから許諾を受けた権利者以外の者が、正当に登録商標の使用をすることができるようになります。

　どうして使用権が認められるようになったかというと、商標が有名になってくると、その商標を使用したい、という人が増えて来ます。一方、権利者からみても、自分と資本関係などがある相手であれば登録商標の使用を認めたいという場合も出てきます。このように、使用権は、譲渡以外の方法で登録商標を使用できるようにしてほしいという要請があったことなどを背景として認められるようになったものです。

■ 専用使用権と通常使用権の2種類がある

　この使用権には、専用使用権と通常使用権の2種類があります。

　まず、**専用使用権**は、定められた範囲内ではありますが、登録商標を独占排他的に使用することができる権利です。商標権者であっても、その範囲内では自由に使用することができなくなるので、とても強力な権利です。これに対し、**通常使用権**は、定められた範囲内で登録商標を単に使用することができる権利です。使用することを認めてもらうだけですので、専用使用権と比べると、弱い権利といえます。専用使用権の場合と違って商標権者も使用することができ、同じ範囲にいくつもの通常使用権が存在できます。

■専用使用権や通常使用権の具体例

　たとえば、おもに関東地方で和菓子を製造販売している会社Aが、「○○○」（指定商品：和菓子）という商標の商標権者だったりします。その場合に、北海道で別のお菓子を製造販売している会社Xが、「○○○」という商標を和菓子に使用したい、しかも、できれば北海道では自社だけで独占して使用したい、会社Aにも使用してほしくないと思っているとします。この場合、会社Xは会社Aに対して、北海道全域を範囲とする専用使用権設定契約を結び、その代わりに商標を使用した商品の売上高に応じて使用料を会社Aに支払いたい、と交渉することになります。もし、会社Aと契約でき、特許庁で登録が認められると、会社Xが専用使用権者となり、北海道では会社X以外は、商標権者である会社Aも含めて誰も登録商標「○○○」を和菓子に使用することができなくなります。

　一方、会社Xが、とにかく正当に登録商標「○○○」を和菓子に使用したいと思っているだけで、他社が商標権者と通常使用権設定契約を結んで同じ商標を使用していてもかまわないという場合でしたら、通常使用権設定契約を結びたいと会社Aと交渉することになります。

　通常使用権は、フランチャイズチェーンの場合にもよく利用されています。商標権であるフランチャイズ本部が、加盟店に対して商標の使用を認めるような場合です。加盟店としては本部が所有する商標を使用することで顧客から信用されて売上を上げることができます。一方、本部としては加盟店における商標の使用方法などをしっかりと管理するなどしてブランド価値が下がらないようにしながら、多くの加盟店に使用してもらうことによって一層のブランド力アップが可能となります。

■専用使用権は登録してはじめて発生する

　専用使用権は、商標権者であっても、その範囲内では自由に使用す

ることができないという、とても強力な権利なので、特許庁の商標登録原簿に登録をしてはじめて権利が発生することになっています。つまり、契約しただけでは、まだ権利が発生しないのです。一方、通常使用権は、登録しなくても契約しただけで発生します。

専用使用権の登録申請は、特許庁に対して専用使用権許諾書などを添付して行います。専用使用権は登録によって発生しますので、専用使用権の契約をしたら、すぐに特許庁へ専用使用権の登録申請を行うようにしましょう。

● 専用使用権設定契約による商標の独占的使用

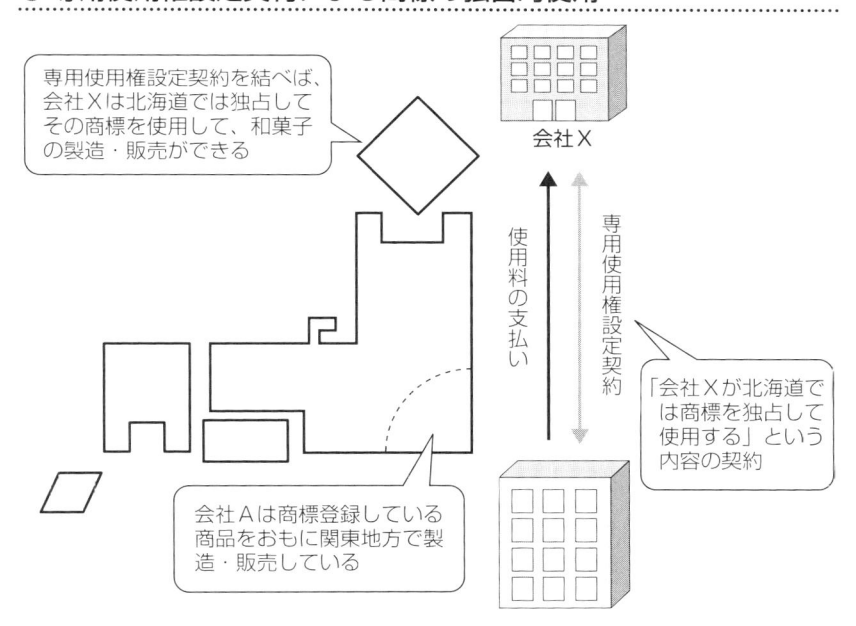

専用使用権設定契約を結べば、会社Xは北海道では独占してその商標を使用して、和菓子の製造・販売ができる

会社X

使用料の支払い

専用使用権設定契約

「会社Xが北海道では商標を独占して使用する」という内容の契約

会社Aは商標登録している商品をおもに関東地方で製造・販売している

書式　商標使用許諾契約書（専用使用権）

商標使用許諾契約書

　株式会社○○○（以下「甲」）と株式会社□□□（以下「乙」）は、甲の名義により登録された後記商標権（以下「本件商標権」）について、使用許諾契約を締結した。

第1条（目的）　甲は、乙に対して、本件商標権について専用使用権を許諾し、乙は、許諾料及び使用料を支払う。
第2条（期間）　本契約の有効期間は、平成○○年○月○日より○年間とする。ただし、本件商標権が更新登録された場合には、本契約は自動更新され、更新登録の時点から○年間とする。
第3条（登録）　乙は、自己の費用をもって、本件商標権にかかる専用使用権の設定登録手続をすることができる。
2　乙が前項の設定登録手続を行うときは、甲はこれを許諾し、必要書類の交付等、これに協力する。
第4条（許諾料）　乙は、甲に対して、商標使用許諾の許諾料として、本契約締結時に金○○万円を支払う。
第5条（使用料）　乙は、甲に対して、使用料として、1年あたり定額金○○○万円、および、本件商標権にかかる製品の販売価格の総額に○％を乗じた金額を支払う。
2　前項の使用料は、毎会計年度分を○月○日までに、甲の指定する金融機関の口座に振り込む。
3　乙が、使用料を期限までに支払わない場合は、その翌日から支払いの日までの日数に応じ、年率○％の遅延損害金を支払う。ただし、乙にやむを得ない事情があるため使用料の支払が遅延する場合には、事前に甲と協議のうえ、これを免除もしくは延期することができる。

第6条（範囲）甲が乙に対して許諾する使用権の範囲は、次のとおりとする。

①地域　〇〇府、〇〇府、〇〇県、〇〇県、〇〇県
②内容　本件商標を付した商品の製造、販売、輸入、及び役務の提供等
③態様　甲の指定する書体、図形、立体および態様

2　乙は、甲の承諾なく、第三者に対して、本件使用権を譲渡し、再使用を許諾し、または、担保権を設定してはならない。

第7条（更新登録）甲は、自己の意思もしくは乙からの要請により、本件商標権の更新登録の申請を行う。

2　更新登録が、乙の要請により行われた場合は、本契約も更新されたものとみなす。この場合、更新登録手続に要する費用は、乙が負担する。

第8条（表示義務）乙は、本件商標権を使用する場合は、甲名義の登録商標である旨を表示しなければならない。

2　乙は、前項に規定する場合の他、商標の表示の態様等については、甲の指示に従うものとする。

第9条（甲の責任）甲は、本契約における乙の本件商標権の使用に関する事項につき、第三者に損害が発生した場合においても、何ら責任を負わないものとする。

2　本件商標権の使用に支障をきたす訴訟が第三者から提起される等、本件商標権に関して紛争が生じたときは、甲は、乙に対して、当該紛争の解決に協力する。

3　前項の場合、甲は、乙に対して、本件商標権に関する資料および情報を提供しなければならない。

4　甲は、本件商標権を、第三者に対して、譲渡もしくは使用許諾をする場合には、乙の本件使用権を妨げないように配慮しなければならない。

第10条（商標権の効力）乙は、本件商標権について、いかなる手段によっても、その有効性について争ってはならない。

第11条（使用条件）乙は、本件使用権を行使するに際しては、法令を遵守し、本件商標権の信用を失墜させる行為をしてはならない。

第12条（報告・通知義務）乙は、毎会計年度ごとに、その終期より1か月以内に、本件商標権の使用にかかる商品の製造、販売、輸出、および役務の提供等の数量、金額等について、甲に対して、書面により定期的に報告しなければならない。なお、書面の書式は、甲の指定するところによる。

2　乙は、正当な権原を有しない第三者が本件商標権を侵害し、または侵害するおそれがあることを知ったときは、遅滞なく、その旨を、甲に通知しなければならない。

第13条（解除）甲及び乙は、各々相手方が本契約に基づく債務を履行しない場合には、相当の期間を定めて催告し、右期間内に履行がないときは、本契約を解除することができる。

2　第10条の規定にかかわらず、乙が本件商標権の効力につき疑義を提起したときには、甲は本契約を解除することができる。

3　解除者は、相手方に対して、生じた損害の賠償を請求することができる。

第14条（協議義務）本契約に規定のない事項もしくは解釈上生じた疑義については、甲及び乙は相互に、信義に従い誠実に協議を行い、これを解決しなければならない。

第15条（管轄）本契約にかかる紛争については、○○地方裁判所を第一審の管轄裁判所とする。

附則
　本契約締結の証として本契約書を2通作成し、甲乙は各々署名・捺印のうえ、各自1通ずつ保管する。

本件商標権の表示
 ① 商標登録　第○○○○○号
 ② 商標名　「○○○○」

指定商品と役務の表示
 ① 「○○○」（第○類）
 ② 「□□□」（第□類）
 ③ 「△△△」（第△類）
 ④ 「×××」（第×類）

平成××年×月×日
（甲）大阪府○○市○○区○○町○丁目○番○号
   株式会社○○○
   代表取締役　○○　○○　㊞
（乙）京都府○○市○○区○○町○丁目○番○号
   株式会社□□□
   代表取締役　□□　□□　㊞

書式　商標使用許諾証書（専用使用権）

商標使用許諾証書

平成○○年○○月○○日

専用使用権者
　　住所（居所）　東京都○○区○○丁目○番○号
　　氏名（名称）　○○　○○　殿
　　（代表者）

商標登録番号　第○○○○○○号

　上記商標権について、下記の専用使用権を設定することを許諾するとともに、その登録申請を貴殿が単独で申請することに異議なく、これを承諾します。

記

(1)　専用使用権の範囲
　　地　域　（日本全国）
　　期　間　（平成○○年○○月○○日から平成○○年○○月○○日まで）
　　内　容　（登録商標を付した商品を製造、販売すること、および登録商標を付した商品を用いて役務を提供すること）
(2)　対　価
　　対価の額　（金○○○万円）
　　支払方法　○○○○○○○○○○
　　支払時期の定め　○○○○○○○○

商標権者
　　住所（居所）　東京都○○区○○丁目○番○号
　　氏名（名称）　○○　○○　㊞
　　（代表者）

17 更新することで商標権を存続できる

更新すれば永遠に商標権を持てる

■商標権の存続期間と更新

　商標は商品・役務と結びつくことによって、商品・役務の経済的価値を高めていきますが、商標権者にとって思っていたほどの効果が生じない場合、自然と商標が使用されなくなることがあります。そのような場合、一定の期間が経過すれば、そのまま商標権が消滅してしまう方が合理的です。なぜなら、別の者がその商標を利用して、経済活動をすることができるようになるからです。商標法は、商標権の存続期間を10年間としています。つまり、10年経過したにもかかわらず、そのまま放置されていると、商標権は消滅するのです。

　逆に、商標権者にとって商標が効果を発揮していれば、更新をすることによって、商標権を存続させることができます。この更新に回数制限はなく、理論的には、更新を繰り返すことによって永久に商標権を存続させることができます。この点は、特許権、意匠権、著作権など、他の知的財産権とは異なる商標権の特徴だといえるでしょう。これは、他の知的財産権の場合は、一定の期間経過後に、社会の共有財産として誰もが自由に使用できるようにする必要があるのに対して、商標権の場合は、そのような必要性がないからなのです。

■更新されないとどうなる

　もし、商標権者Xが更新をしないと、商標権は消滅し、別の者Yがその商標を使用しても、Xはその差止めなどを請求することができなくなります。そして、Yが登録を希望するのであれば、その商標を出願して登録することによって、自ら商標権者になることができます。

もちろん、存続期間の経過によりいったん商標権が消滅したとしても、Xは、改めて商標登録することによって商標権を取得することはできます。ただし、先にYに出願されると、先願主義によって、Xは登録することができなくなります。

■更新期間について

商標権の存続を希望する商標権者は、更新登録申請の手続をとることによって、商標権の更新をすることができます。

この更新登録の申請期間は定められています。商標権の存続期間満了前6か月以内に申請することとされています。この場合、更新登録料を支払う必要があります。

しかし、商標権者がうっかり更新の手続を忘れてしまっていたり、多忙のためどうしても前述期間内に更新申請ができないケースもありえます。こうした場合に配慮し、前述期間の経過後6か月以内であれば、更新登録申請を受け付けることとしています。ただ、この場合、更新登録料と同じ金額の割増登録料を支払わなければなりません。

■それでも期間が経過したら

以上の更新登録申請期間が経過してしまったら、原則として、更新登録をすることができません。ですから、更新を希望する場合は、この期間には十分に気をつけて、手続を怠らないようにしなければなりません。

ただし、天災などのように、申請人（商標権者）に責任がないのに、存続期間満了後6か月以内に、更新登録申請ができなかった場合には、例外が設けられています。その場合、そこからさらに6か月以内であれば、更新登録料と同額の割増登録料を支払って、更新登録の申請をすることができます。

18 登録に問題があるときはどうすればよいのか

登録が無効になったり取り消される場合がある

■ 登録異議申立て・審判など

商標権は社会に影響力のある非常に強い権利なので、査定や登録に不備があるのに放置しておくことは公益に反します。そこで、商標登録をすることに不適切な理由があったり、登録を維持することが不適切な場合には、商標権を取り消したり無効にすることができます。

第三者が特許庁長官に対して請求する方法は次の3つがあります。

① 登録異議の申立て

登録された商標が掲載された商標公報の発行日から2か月以内であれば、誰でもこの申立てができます。

② 商標登録の無効の審判

商標登録に重大な問題があり、無効にするべき理由があるときには、利害関係人がこの審判を請求できます。これは、①のように2か月に限定されていません。

③ 商標登録取消の審判

たとえば、登録してから継続して3年以上の間、その登録商標が使用されていないときには、誰でも不使用取消審判を請求することができます。

■ 審決取消訴訟について

登録異議申立てにおける決定や登録無効、取消審判の審決に不服があるときには、知的財産高等裁判所、さらには最高裁判所で争います。ただし、登録異議の申立てで、商標登録が妥当であるとする「維持決定」に対しては、不服を申し立てることができません。

19 国際登録出願はどのようにすればよいのか

国際登録出願するだけですべての加盟国で登録を受けられる

■ 国際的商標保護の必要性

インターネットを通じて、今や、世界中がビジネスの対象となっているのが現状です。国際的に自社のブランドを確立して、商品・役務を提供していきたい場合には、商標の権利としての保護は、世界各国に及んでいなければなりません。

昔でしたら、商標権を得たければ、希望する国で個別に出願手続を行わなければなりませんでした。しかし、それでは、各国の求める様式に合わせて出願書類を用意したり、翻訳したりしなければならないため、時間と費用がかかり過ぎてしまいます。また、各国で代理人を雇入れるためには、膨大な費用がかかります。

一方、各国の商標管理機関にとっても、すべての出願が一括して処理されるのであれば、事務的負担が少なくてすみます。

このような事情から、1つの出願で、世界各国で出願したものとして扱われる制度が必要となり、「ストックホルムで改正された標章の国際登録に関するマドリッド協定」が締結されました。この協定の略称を**マドリッド協定**といいます。その後、マドリッド協定の加盟国増加をめざして、「標章の国際登録に関するマドリッド協定の議定書」が締結されました。この議定書は「マドリッドプロトコル」と称されています。

2000年3月、日本はこの議定書に加盟しました。その結果、日本の商標出願または商標登録を基礎として、国際登録出願をすることも可能となったのです。この国際登録出願のことを、「マドプロ出願」ということもあります。

国際登録出願の概要

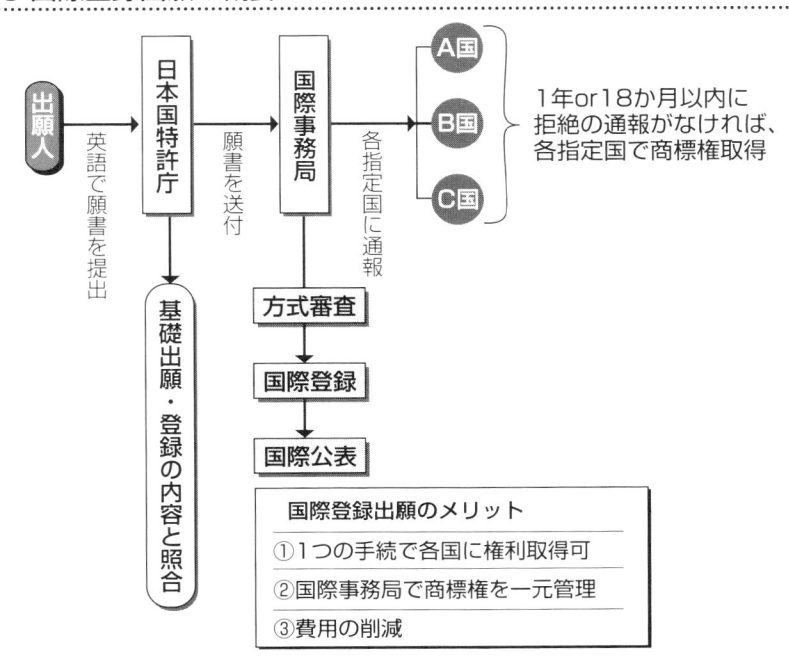

　このように出願人の便宜と各国担当機関の効率的事務処理のため、1つの国際登録出願をすると、わざわざ諸外国で出願しなくても登録できる制度が整備されました。

　この制度では、出願人が自己の本国で国際登録出願をすると、それが世界知的所有権機関の国際事務局に送付されます。そこでは方式審査をした上で、国際登録出願を国際登録簿に記載し、国際公表をします。

　国際登録されると、国際事務局は、各指定国の担当機関へ、国際出願を通報することになっています。もし、通報を受けた国の中で、類似商標がすでに登録されているなどの理由から、その商標を保護することができないと判断した場合には、担当機関から国際事務局に対し

● 国際登録出願の概要

出願人 →（英語で願書を提出）→ 日本国特許庁 →（願書を送付）→ 国際事務局 →（各指定国に通報）→ A国・B国・C国

1年or18か月以内に拒絶の通報がなければ、各指定国で商標権取得

日本国特許庁 → 基礎出願・登録の内容と照合

国際事務局 → 方式審査 → 国際登録 → 国際公表

国際登録出願のメリット
① 1つの手続で各国に権利取得可
② 国際事務局で商標権を一元管理
③ 費用の削減

て拒絶する旨を通報します。この通報は、国際事務局から通報を受けた日から、1年または18か月以内にすることになっています。

問題なく手続が完了すると、指定国とされた各国では商標権が認められ、保護されることになるのです。

■ 国際登録出願の手続

国際登録を希望する場合には、すでに日本で出願または登録されている商標がなければなりません。これを、基礎出願または基礎登録と呼んでいます。

そして、特許庁の「国際出願課国際商標出願室」に願書を提出します。願書は英文で作成します。書式も決まっているので、詳しくは、国際商標出願室に問い合わせてみてください。

国際出願にかかる費用ですが、スイスフランで国際事務局に納付します。ただ、日本の特許庁に納付すべき手数料は別です。

■ 国際登録日と存続期間

先願の基準となる国際登録日は、国際登録出願をした日になります。つまり、特許庁に対して願書を提出した日です。郵送で提出した場合には、特許庁に到達した日となります。発送日ではないので注意してください。国際登録の存続期間は、国際登録日から10年間です。そして、10年ごとに更新することができます。

■ セントラルアタック

国際登録日から5年以内に、日本の基礎出願が拒絶されたり、基礎登録が無効になったような場合には、国際登録が取り消されてしまいます。これを**セントラルアタック**と呼んでいます。ただし、この場合、国際登録を指定国への国内出願に変更することが認められています。

20 重複登録商標を更新するにはどうすればよいのか

商標登録原簿に重複商標の記載があるかどうかで判断する

CASE 当社の主力商品の登録商標の更新時期が近づいてきたため、商標登録原簿を確認したところ、重複商標の記録がありました。どのように更新をすればよいでしょうか。

アドバイス

　商標の更新手続きには、更新登録申請と更新登録出願という2通りの方法があります。通常の商標登録の更新は、更新登録申請という手続きで行いますが、更新予定の登録商標が重複登録商標である場合には、更新登録出願という手続きをとることになります。重複登録商標とは、サービスマークが商標として登録できるようになったときに、特例措置として登録が認められた商標のことです。具体的には、同一あるいは類似したサービスについて複数の登録商標が重複登録商標という形で例外的に登録されています。質問の商標の原簿に重複商標の記載があるのは、このサービスマーク登録制度の導入にともなって、商品の区分以外にサービスの区分についても、重複登録商標として登録されたためでしょう。どちらの手続きをとればよいかについては、更新予定の商標の商標登録原簿に重複商標の記載があるかどうかで判断します。質問のケースのように記載がある場合には、更新登録出願（重複登録商標に係る商標権の存続期間の更新登録出願）を行うことになります。なお、更新時には更新登録申請の料金として、1区分あたり48,500円ほどかかりますが、更新登録出願をする場合には、さらに出願の料金として12,000円が別にかかります。

21 国際分類への書換申請はどのようにすればよいのか

書換登録申請書を作成して申請する

CASE 当社では古くから登録している商標があるのですが、先日特許庁から、その商標についての「書換申請時期の通知」というハガキが届きました。新しい国際分類に従ったものに変更しなければならないようなのですが、実際にはどうすればよいのでしょうか。

アドバイス

　商標の商品（役務）の区分は、明治32年法、明治42年法、大正10年法、昭和34年法によってそれぞれ違っていました。現行の商品区分は平成19年1月1日以降の出願に適用されている区分で、国際分類に従ったものになっています。今までの古い分類法によって登録されている商標と、現在の国際分類に従って登録されている商標が並存していることで、さまざまな弊害が出ています。

　相談のケースも、現行の商品区分に書き換える必要があり、書換申請をする時期が近づいたので、案内のハガキが届いたわけです。まず、該当する商標がすでにあるいは10年以内に不要となる場合には、書換を行う必要はありません（10年間だけ商標を維持する場合には、商標権存続期間更新登録申請書のみを提出します）。今後も10年以上使用する場合には、商標権の存続期間の満了日前6か月から満了日後1年の間に書換申請をする必要があります。書換申請は、書換登録申請書を作成し、パソコン電子出願、郵送、持参いずれかの方法で申請します。変更になる区分の基準については、書換ガイドラインを参考にするとよいでしょう。書換申請の手数料、登録料はかかりません。

第4章

商号のしくみと登記手続

1 商号と登記について知っておこう

会社の商号も登記事項の1つである

■ 会社はみな商号をもっている

　私たち一人ひとりに姓名があるように、社会的に活動する主体については、それを他の主体と区別するための名称が必要です。商人がその営業活動において自己を表示するために用いる名称を商号といいます。

　商人は、その氏、氏名その他の名称をもって商号とすることができます。ただし、商人が会社である場合には、その商号の中に、会社の種類に従って、株式会社・合名会社・合資会社・合同会社という文字を含まなければならず、他方で、会社でない場合は、会社であることを示すような文字を含んではならないとされています。

　また、商号は名称ですので、文字で表すことができ、しかも発音できるものでなければなりません。つまり、（ ^o^) や^_^:などはダメです。同じ文字でも「あ゛」とか「き゜」というのも発音できませんから、使うことはできません。

　また、不正の目的をもって、他の商人であると誤認させるような商号をつけることもできません。実際の判例の中にも「東京瓦斯（ガス）株式会社」の移転計画がある同区内で、能力も準備もないにもかかわらず別会社が商号変更により同様の名称にしたことに対し、「東京瓦斯株式会社」からの商号の使用差止め及び登記抹消が認められたケースがあります。

■「商号」をつけるときにも制限がある

　前述したように、どのような商号をつけてもよいわけではなく、法

律によっていくつかの規制がなされています。

① 会社の種類を示す表示を入れる

商号の中には、会社の種類を示す表示を入れなければなりません。例えば、「株式会社○○」とか「株式会社△△」というように表示します。

② 他の種類の会社と誤認される文字は使用できない

商号の中で他の種類の会社と誤認されるおそれのある文字を使用することは禁止されています。たとえば、本当は合資会社なのに「株式会社××」という商号をつけることはできません。

③ 不正目的で商号を使ってはいけない

不正目的で、他の会社と誤認されるおそれのある名称や商号を使用することはできません。これに違反して商号が使用された場合、そのことによって営業上の利益を侵害された会社、あるいは侵害されるおそれのある会社は、違反者に商号の使用を止めるように請求できます。

④ 同一住所で同一商号を登記することはできない

他人がすでに登記した商号とまったく同じ商号を、同じ住所で登記することはできません。同一住所に同一商号の会社が2つ以上存在すると、それぞれの区別ができなくなって取引の混乱を招くからです。

商業登記は何のためにするのか

企業と取引を行う場合、相手方がどのような会社なのかが全くわからなければ、安心して取引することはできません。会社には、広告などで広く名前が知れ渡っているような大きな会社もあれば、家族経営を行っている小規模な会社もあります。大きな会社であれば新聞や専門誌、その他の媒体から情報を取り寄せることは容易ですが、中小企業となると簡単ではありません。かといって、取引を行うたびに興信所に調査を依頼していては、経済活動が迅速、円滑に運びません。

商取引が安全で迅速、円滑に行われるために設けられたのが**商業登**

記制度です。商業登記制度は、企業と取引を行おうとする者が不測の損害をこうむることのないように、一定の事項について情報公開（公示）するためのシステムなのです。

また、登記を行うということ、つまり情報を公開するということは、企業自身にとっても信用を保持することにつながります。

公示は、**商業登記簿**という帳簿に記載して公開するという方法で行います。登記簿は法務局に設置されています。たとえば、どのような目的（業種内容）の会社なのか、代表者は誰なのか、これらは商業登記簿を確認して知ることができます。

登記簿を確認する方法としては、前述したように、登記事項証明書か登記事項要約書を交付してもらう方法があります。

なお、企業は、会社の設立登記を行い、その後登記の内容に変更があれば、一定期間内に変更登記をしなければなりません。取引が円滑に行われるために義務づけられているもので、変更登記を怠ると100万円以下の過料が課せられることがあります。

■ 商号は登記事項である

前述したように、商業登記制度は、企業と取引を行おうとする者が不測の損害をこうむることのないように、一定の事項について情報公開（公示）するためのシステムです。登記する一定の事項とは、設立する組織ごとに法律で定められていて、株式会社の場合、会社法911条に規定されています。会社法911条は、株式会社を設立するときの登記事項として、目的、資本金の額など30項目にわたって規定しています。会社の商号も登記事項の1つです。

商号の設定や変更には登記手続きが必要になるということは知っておくとよいでしょう。

2 商業登記の効力と種類について知っておこう

登記をすることで一定の効力が生じる

■商業登記にはおもに4つの効力がある

商業登記には、おもに、公示力、公信力、形成力、独占力の4つの効力があるとされています。

公示力とは、登記をすることによって、第三者に対して登記された事柄を主張できるという効力のことです。

公信力とは、実際にはない事実であっても、故意（わざと）や過失（不注意）によって事実とは異なる事項を登記した者は、それが事実と異なることを、事情を知らない第三者に対して主張することはできないという効力のことです。

また、商業登記は一般にその企業の実態を公示することを目的としていますが、例外的に登記を行うことによってはじめてその効力が生じることになるものがあります。たとえば、会社設立登記や新設合併登記などがそうですが、このように登記によってはじめて法律上の効力が発生することを登記の**形成力**といいます。

商号との関係で重要なのが**独占力**です。かつては「類似商号」の登記が禁止されていました。つまり、同一の市区町村内に、すでに本社や支店がある会社と類似した商号で、同一の事業目的を持つ会社の登記ができませんでした。つまり、登記には、独占的に一定の権利を確保して、第三者による登記を防止するという効力があったといえます。現在では、「類似商号」の制度は廃止され、かつてのような強い独占力はありませんが、同一の所在地に同一の会社名の会社を登記することはできませんので、その意味で弱いながらも商業登記には独占力が残っているといえます。

登記の主体の違いにより分類できる

商業登記には、その主体によって9種類の登記が商業登記法上定められています。具体的には、①商号の登記、②未成年者の登記、③後見人の登記、④支配人の登記、⑤株式会社の登記、⑥合名会社の登記、⑦合資会社の登記、⑧合同会社の登記、⑨外国会社の登記です。

商号にかかわるものとしては、①、⑤～⑨があります。

・商号の登記

個人事業主が行う商号の登記で、商号登記簿になされます。商号の登記をすることにより、他人が同一の営業場所で同一の商号を登記することを防ぐことができ、自分の商号の保護に役立てることができます。

・株式会社の登記

株式会社についての登記で、株式会社登記簿になされます。

・合名会社の登記

合名会社についての登記で、合名会社登記簿になされます。合名会社とは、社員が会社債権者に対して無限責任を負う会社です。

・合資会社の登記

合資会社についての登記で、合資会社登記簿になされます。合資会社は、会社債権者に対して無限責任を負う社員と有限責任しか負わない社員とで構成されます。

・合同会社の登記

合同会社についての登記で、合同会社登記簿になされます。合同会社では、社員は有限責任しか負いません。

・外国会社の登記

外国会社についての登記で、外国会社登記簿になされます。外国会社とは、外国の法令に準拠して設立された法人その他の外国の団体であって、会社と同種または類似するものをいいます。

3 商号区の見方を知っておこう

登記簿で会社の履歴を知ることができる

商号区には7つの事項がある

　登記簿には具体的にどのような記載がなされているのでしょうか。ここでは株式会社の場合を中心に、法務局で交付される登記事項証明書について、商号区を中心に具体的な記載内容を見ていくことにしましょう。

　株式会社の登記簿は、「商号区」「株式・資本区」など「区」に分かれています。その中で商号区には、「商号」「商号譲渡人の債務に関する免責」「本店」「会社の公告方法」「貸借対照表に係る情報の提供を受けるために必要な事項」「中間貸借対照表等に係る情報の提供を受けるために必要な事項」「会社成立の年月日」という7つの事項が記載されます。ここでは中でも重要な4つの事項について説明しましょう。

① 商　号

　会社の正式な名前です。広告などではよく通称が使用されることもありますが、商号が会社の営業での正式な名前になります。人でいえば、戸籍に記載されている氏名にあたります。商号をみれば、どこの何という会社の登記簿かがわかるわけです。

② 本　店

　会社の本店の所在地です。本店は一般には会社の経営の本拠地となるところです。人でいう住所地にあたります。

③ 公告をする方法

　会社は、その規模と活動によっては、社会に強い影響力を及ぼすことのある団体です。そのため、会社の経済活動も種類によっては、世間一般に対して事実を明らかにするために公告をすることが法律に

よって義務づけられています。その公告の方法がここでは記載されています。多くの会社は公告の方法として官報を利用しているようです。

④　会社成立の年月日

　会社として成立した日付です。人でいえば戸籍に記載された生年月日となります。会社の場合は設立登記の申請をした日が原則として会社成立の年月日となります。

■商号変更と登記

　商号変更があった場合には、登記簿の商号区にその旨が記載されます。このような場合、旧商号などに下線が引かれてその下に新商号が記載され、変更の年月日も記載されます。つまり、登記簿を確認することにより、いつ、どのような商号変更がされたかがわかるようになっています。

● 商号区（登記事項証明書）

商　　　号	株式会社永松商事
本　　　店	東京都練馬区南大泉○丁目○番○号
公告をする方法	官報に掲載してする
会社成立の年月日	平成23年1月9日

4 株式会社の設立時に商号を決める

会社の実体形成と法人格の取得が必要となる

設立手続の流れ

　株式会社を設立するためには、人とお金を集め、団体としての会社の実体を作り、登記をすることが必要です。

　団体としての会社の実体は、定款（会社の根本規則）作成、出資者の確定、会社機関の具備、会社財産の形成などによってできあがります。会社設立の場合には、通常、次のような手続をふみます。

① まず、起業することを決めます。

　この段階で会社設立後の青写真をつくっておくことが大切です。

　また、会社を設立する場合、定款に本店所在地を記載する必要があるので、事務所を借りて事業を起こす場合には、事務所を借りておきます。

② 会社の目的、商号（会社の名前）、本店（本社）所在地、資本金の額などを記載した会社の根本ルールである定款を作ります。

　定款は一般には書面で作成します。書面で作成するといってもパソコンのワープロソフトで作成したものを印刷すればよいでしょう。定款は3部作成することになります（書面で定款を作成する場合）。

　定款の作成後は、公証役場に行き、公証人に定款を認証してもらいます。

　なお、定款には電子定款というものもあります。電子定款とは、パソコンのワープロソフトで文面を作成し、PDF化した上で、特定のソフトを用いて電子署名を付した定款のことです。

③ 株式の発行事項（引き受ける数、金額）などを決め、発起人が株式を全部引き受けます。

引き受けたことの証明として株主名簿（引き受けた株式数を記載した帳簿）に記載します。

④ **発起人は引き受けた株式に応じて、金銭などを払い込みます。**

発起人が数名の場合は、発起人の中から代表者を選び、その者の銀行口座に振り込みます。発起人が1人のときは自分の口座に振り込みます。なお、自分の口座であっても設立中の会社のための口座であることがわかるように「○○株式会社発起人××」名義の口座にします。

⑤ **発起人は、取締役や監査役を選任します。**

取締役が1人いればよいので、監査役は選任しなくてもかまいません。実務上も、監査役の業務は税理士などが代わりに行うので、監査役は選任されないようです。1人で会社を設立する場合、自分が取締役になります。定款で取締役を定めていれば取締役を選任する必要はありません。

⑥ **取締役や監査役によって、会社財産が整っているかどうかチェックします。**

払い込みがなされているかチェックします。

⑦ **最後に、設立の登記をして会社が成立します。**

登記とは、会社の情報を法務局にある登記簿に記載するものです。登記は法務局に申請書を提出します。申請書には、会社の商号（会社の名前）、会社の本店所在場所などを記載します。

■設立経過の調査をする

会社の設立にあたっては、発起人が引き受ける株式の払い込みがなされているかどうかを調査しなければなりません。この調査をするのは、発起人によって選任された役員です。役員とは取締役や監査役のことを指します。なお、払い込みについては、発起人が取締役になるケースがほとんどなので、自分で払い込みの有無を確認すればよいでしょう。

■ 商号の決定と商号の調査

会社は設立にあたって会社の名前を決めなければなりません。会社の名前を商号といいます。商号は会社の名前ですから、他の会社の商号と同じか類似した商号であると混乱が生じます。

そのため、同一住所で同一商号の登記をすることは禁止されています。同一本店所在地に同一の商号の会社があるかどうかについては、法務局に備えられている商号調査簿で調査をする必要があります。調査をするためには、商号調査端末の調査、または商号調査簿の閲覧申請書（次ページ）を管轄の法務局に提出して商号調査簿を閲覧することになります。なお、まったく同じ商号でないとしても、他社と酷似した商号を用いると、不正競争防止法等により、商号使用の差止請求を受ける危険があるので注意しなければなりません。

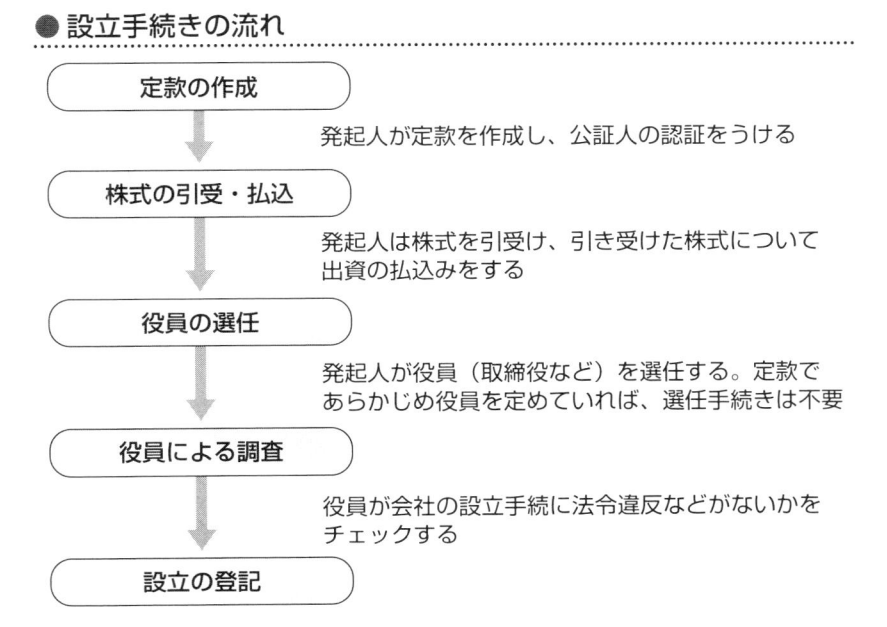

● 設立手続きの流れ

```
┌──────────────┐
│  定款の作成  │
└──────┬───────┘
       │      発起人が定款を作成し、公証人の認証をうける
       ▼
┌──────────────┐
│ 株式の引受・払込 │
└──────┬───────┘
       │      発起人は株式を引受け、引き受けた株式について
       │      出資の払込みをする
       ▼
┌──────────────┐
│  役員の選任  │
└──────┬───────┘
       │      発起人が役員（取締役など）を選任する。定款で
       │      あらかじめ役員を定めていれば、選任手続きは不要
       ▼
┌──────────────┐
│ 役員による調査 │
└──────┬───────┘
       │      役員が会社の設立手続に法令違反などがないかを
       │      チェックする
       ▼
┌──────────────┐
│  設立の登記  │
└──────────────┘
```

書式　商号調査簿閲覧申請書

会社法人用	登記事項要約書交付 申　請　書
	閲　　　　覧

※ 太枠の中に書いてください。

窓口に来られた人（申請人）	住　所	収入印紙欄
	フリガナ	収　入 印　紙
	氏　名	
商号・名称 (会社等の名前)		
本店・主たる事務所 (会社等の住所)		収　入 印　紙
会社法人等番号		

※該当事項の□にレ印をつけてください。

要約書	□ 会社法人	※**商号・名称区**及び**会社・法人状態区**はどの請求にも表示されます。 ※請求できる区の数は上記のほか**3個**までです。 □　株式・資本区 □　目　的　区 □　役　員　区 □　支配人・代理人区 □　支店・従たる事務所区 □　その他（　　　　　　　）
	□ 会社法人以外	□　商　号　登　記　簿 □　その他（　　　　　　　）
閲覧	□ 商号調査簿（無料）　　□ 登記簿 □ 閉鎖登記簿（　　　年　　月　　日閉鎖） □ 申　請　書（　　年　月　　日受付第　　　　号） 利害関係：	

（登記印紙も使用可能）

収入印紙は割印をしないでここに貼ってください。

交付通数	交付枚数	手　数　料	受付・交付年月日

5 商号に使用できる文字について知っておこう

ローマ字や数字を使用することができる

商号で使用できる文字

　会社の名称、いわゆる商号を決めるときには、商号に使うことができる文字について知っておく必要があります。

　まず、漢字、ひらがな、カタカナの日本文字を使用することはできます。また、以下の文字を使用することも認められています。

・ローマ字（大文字、小文字）
・アラビヤ数字（1、2、3など）
・字句を区切るときに用いる以下の記号
「&」（アンパサンド）、「'」（アポストロフィー），
「,」（コンマ）、「-」（ハイフン）、「.」（ピリオド）、「・」（中黒）

　ローマ字と漢字を組み合わせた商号や、アラビア数字だけの商号も可能です。また、直前にローマ字を用いた場合に省略を表すものとして商号の末尾にピリオドを使用することや、ローマ字の単語を区切る意味で単語間にスペースを空けることはできます。

　ただ、商号は名称ですので、文字で表すことができ、しかも発音できるものでなければなりません。たとえば、会社の商号として「(^o^)」や「^_^;」といった顔文字を使用することは認められません。同様に、「あ゛」とか「き°」という日本語として発音できないものも認められません。

　また、株式会社の場合は必ず「株式会社」の文字をつけることが義務づけられています（会社法6条）。

6 登記申請書を作成してみる

書類をそろえて管轄の法務局に提出する

■ 登記は誰がどこに提出するのか

　会社の登記については、本店（本社）の所在地の法務局が管轄となりますから、会社を設立したり変更登記をする場合には、まず、本店（本社）の所在地の法務局に行くことになります。管轄の法務局は必ずしも不動産登記の管轄と一致するわけではありませんから注意が必要です。

　申請は、当事者（会社の場合は代表者）が申請するのが原則ですが、司法書士などの代理人による申請も認められています。

　法務局に備えられている登記簿に、登記事項を記載してもらうには、登記申請の手続きを行わなければなりません。登記申請は、「登記申請書」という書類に一定の添付書類を添付して、所定の登録免許税を納めることによって行います。会社設立の場合は、法務局に登記簿はありませんので、登記申請は新規に登記簿を作成してもらう手続きといえます。

　登記の申請を行うと、1、2週間ほどで登記が完了します（法務局の混雑状況によってかかる日数は変わります）。書類に不備があった場合、その不備が軽微であれば補正を行うことで登記を実行してもらえますが、補正できないような大きなミスなどの場合は登記を実行してもらえません。このため、商業登記法などの法令に基づいた正しい申請を行うことが大切です。

　登記には役員変更のように比較的簡単にできるものから、細かい法律知識を要する難しいものまであります。難しいと思われる登記については司法書士などの専門家に相談するとよいでしょう。

■ 登記申請書の作成はこうする

　登記申請書の用紙については法律でとくに決められていませんが、実務上はＡ４判サイズの紙を用い、横書きにします。

　記入にはワープロを使用するか、手書きの場合であれば黒のボールペンなどがよいでしょう。文字は崩さず楷書できちんと書きましょう。

　まず「商号」と「本店」を記載します。商号を記載する際に株式会社を（株）と省略したり、本店を記載する際に何丁目何番何号をハイフンでつないだりせず、正しく表記しなければなりません。

　次に「登記の事由」「登記すべき事項」を記載します。登記の事由としては、たとえば「商号変更」「本店移転」など、何の登記をするのかを記載します。登記すべき事項の欄には、たとえば「商号○○株式会社　平成○年○月○日変更」などと記載します。また登記事由によっては「別紙記載のとおり」などとして、登記すべき事項を記載したOCR用申請用紙を提出します。また、登記すべき事項を記録したフロッピー・ディスクかCD－Rを提出することもできます。それ以外に、登記用紙と同一の用紙に登記すべき事項を記載して提出する方法もあります。

　さらに「登録免許税」（場合によっては「課税標準金額」も記載する）、「添付書類」を記載し、「上記のとおり申請する」という文言を書き入れます。

　最後に申請年月日と申請人（会社の場合は会社の本店、商号、代表取締役の住所・氏名）を記載し、氏名のあとに申請人が法務局に届け出をしてある印鑑を押印します。

　法務局によっては、登記申請書の上部などに申請人（または代理人）の連絡先を書かせ、補正の必要がある場合に連絡してくれるというやり方をとっているところもあります。詳しくは、管轄法務局で聞いてみてください。

7 申請書の記載方法を知っておこう

FD や CD-R に記載して提出することもできる

■ 代表者印を登録する

　会社の設立登記申請時には、会社の代表者印を届け出ます。代表者印の届出には印鑑届書が必要です。法務局では印影をコンピュータで読みとりますので、鮮明に押印しましょう。押印が薄かったり、かすれてしまった場合には受け付けてもらえないこともあります。なお、商号や本店などの記載は手書きでかまいません。

■ 申請書の記載方法は定型化されている

　登記申請書の書き方や様式については、とくに法律上の決まりがあるわけではありません。しかし、法務局では毎日、膨大な数の登記申請を受け付けています。書き方や様式が統一されていなければ、事務処理に支障が出て、迅速な登記手続きができません。

　そこで、記載の仕方は定型化されています。用紙の大きさについては、かつてはＢ４判の用紙が、今では、Ａ４判の用紙を利用する人が多いようです。Ａ４判の白紙に自分で必要事項を書いてもよいですし、基本的な事項が記載された登記申請用紙を文房具店、事務用品店などで買い求め、そこに必要事項を記入していってもよいでしょう。

　登記申請書には、申請する事項を「登記すべき事項」として記載します。登記事項が少なく登記申請書に書き切れる場合には「登記すべき事項」を登記申請書に記載してもよいのですが、申請内容によっては、記載事項が多くなることもあります。

　そのような場合には「登記すべき事項」を申請書の別紙としてOCR用紙（印字した申請情報を、機械で読み込むために用いる用紙）、

または磁気ディスクに記載して提出します。

　磁気ディスクを提出する場合は、フロッピーディスク（2HD、1.44MB、MS-DOS形式）、CD－ROM（120mm、JIS X 0606形式（ただし、ISO 9660レベル1））、CD－R（120mm、JIS X 0606形式（ただし、ISO 9660レベル1））を使用して下さい。

　入力は、すべて全角文字、文字フォントは、「ＭＳ明朝」または「ＭＳゴシック」を使用します。タブや特殊文字は使用せず、ファイルは、テキスト形式で記録して下さい。

　ファイル名は、「（任意の名称）.TXT」で保存します。またフォルダは、作成しないようにしましょう。また、磁気ディスクには、法人の商号・電話連絡先を記載します。

　OCR用紙と磁気ディスクについては、どちらで作成してもかまいませんが、登記すべき事項の分量が多い場合にはOCR用紙よりも磁気ディスクを用いた方がよいでしょう。

● 代表社印の規格と一般例

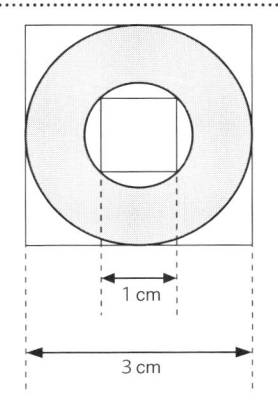

印鑑の大きさは１辺の長さが１cmを超え、３cm以内の正方形に収まるものでなければならない

一般例

外丸、中丸の二重になった巻印が、代表者印では一般的。中丸に「代表取締役之印」と刻み、外丸には会社名を入れる。

第4章　商号のしくみと登記手続

8 印鑑証明と印鑑登録について知っておこう

手続きの流れを理解しておく

■ 印鑑の提出義務がある

　登記の申請人となる代表取締役は、あらかじめ登記所に印鑑を提出しなければなりません。印影を照合することによって、申請人の同一性を確認できるようにするためです。

　印鑑の大きさは、辺の長さが1cmを超え、3cm以内の正方形の中に収まるものでなければなりません。

■ 印鑑登録証明書を交付してもらうには

　印鑑を登記所に提出した者は、印鑑登録証明書の交付を請求することができます。印鑑登録証明書とは、使用する印鑑が提出してある印鑑に間違いないと証明した公文書です。個人の印鑑登録証明書の場合は市区町村長が発行しますが、代表取締役の印鑑登録証明書は登記所が発行します。

　申請人から印鑑証明の申請があった場合には磁気ディスクに記録された印鑑が証明書上に記載され（証明書に出力され）、証明書に証明文を付して交付するという方法がとられるようになっています。

　印鑑に関する事務は、カード式印鑑間接証明方式が採用されています。カード式印鑑間接証明方式とは、印鑑証明書の交付申請があったとき、事前に登記所から交付を受けた印鑑カードを提示することにより、本人の同一性を確認して、電子化された印鑑に関する情報を、偽造防止策を施した証明用紙に出力することにより印鑑証明書を作成して交付する方式のことです。

9 登記申請書の添付書類について知っておこう

登記官の審査のために必要となる

■ どのような書類を添付するのか

商業登記では、商号、目的、役員などについて会社で必要な手続を経てから、法務局に申請手続をすることになります。

たとえば、株主総会を招集して一定数の決議を経たり、取締役会を開いて承認を得たりしなければなりません。そして、これらの手続を経たことを証明する書類を添付して登記申請をします。

登記官は、実際に会社で開かれた株主総会や取締役会に立ち会うわけではないので、添付された証明書類を審査して、必要な要件が満たされているかどうかを判断します。そして、法定の要件が満たされていると判断したら、その内容を登記簿に記載することになるのです。

添付書類の種類は、登記すべき事項によって異なってきますが、特に重要なのが「株主総会議事録」、「取締役会議事録」などです。

また、会社代表者が多忙で自分では法務局に申請に行けないため、司法書士などに申請を委任するときは「委任状」の添付が必要です。

■ 議事録を作成するときの注意点

株式会社の設立登記では発起人会の議事録（定款で取締役や監査役を選任している場合は原則不要）等を添付することになります。

議事録を作成するときには、次の各点に注意してください。

① **法律で規定している決議要件を満たしていること**

たとえば、株主総会の決議といっても、役員を選任する場合、定款の変更をする場合など決議すべき事項によって、議事を開くための定足数、有効な決議が成立するための議決数が過半数なのか、それとも

それ以上の多数が必要なのかが異なります。また、取締役会には取締役会の決議要件があり、決議内容によって定足数などの考え方が異なる場合があります。招集手続きが適法に行われていることも必要です。

したがって、会社法の規定に注意をして、必要な数字が確保されているかどうか確認を怠らないようにしましょう。法律の規定どおりの手続が踏まれていないと、登記の申請は却下されることになります。

② 必要な記名押印がなされていること

たとえば、書面で作成された取締役会議事録には、出席した取締役及び監査役が署名または記名押印しなければなりません。議事録に記載されているとおりに議事が進行し、決議がなされたことを、出席した役員の責任のもとに承認するためです。

なお、株主総会議事録については、かつては議長及び出席した取締役の署名または記名押印が必要とされていましたが、現在は、これは義務とはされていません。

原本還付とは

このように添付書類にもさまざまなものがあります。そして、添付した書類は原則として、そのまま法務局に申請書と一緒に保存されることになります。しかし、添付書類の中には原本そのもので、それを提出して返ってこないと会社としても困ってしまうものがあります。

その場合に備えて、「原本還付」の制度があります。原本還付は、原本の写し（コピー）をあらかじめ用意しておいて、原本の代わりにそれを添付して済ませることができる制度です。手続は、写し（コピー）には、その下部の余白に「上記は原本の写しに相違ありません」と記入します。そして、会社代表者（または司法書士など）が記名押印をします。複数枚をとじるときは、「契印」も忘れずにしておきます。申請のときに、申請書に写し（コピー）を添付して、原本とともに提出し、係員に原本還付を希望していることを告げます。

10 登記申請から完了までの流れをつかんでおこう

申請書が2枚以上になるときは契印をする

■ 登記申請書類のとじ方

　登記申請書類のとじ方についてみておきましょう。登記申請書は、通常、A4判の紙の片面（表面）のみに必要事項を横書きで記載して作成します。①登記申請書、②登録免許税納付用台紙、③添付書類、の順にホチキスなどを使って左とじにするのが一般的です。添付書類は、登記申請書の「添付書類」欄に記載した順にとじればよいでしょう。「登録免許税納付用台紙」は、登録免許税を現金で納付した場合の領収書または収入印紙で納付する場合の収入印紙を貼りつける用紙です。これは必ずしも必要というわけではなく、申請書のスペースが空いているところに収入印紙を貼ってもかまいません。

　申請書と登録免許税納付用台紙の間には会社届出印で契印をします（代表者本人が申請する場合）。また、申請書が2枚以上にわたる場合も、申請書の各ページの間にも契印が必要です。

　「OCR用申請用紙」「登記用紙と同一の用紙」「印鑑届書」は添付書類ではないので登記申請書にクリップでとめて提出するだけでかまいません。

■ 登記の受付から完了まで

　登記の申請は必ずその会社を管轄する法務局で行わなければなりません。ただし、直接法務局に行かなくても、郵送やオンラインでも申請できます。

　実際に申請などのために法務局に行くことを前提とした場合、登記申請の受付から登記の完了まで手続の流れはだいたい次のようになり

ます。
① 申請の受付

　法務局の窓口に置いてある申請用の箱に、申請書をはじめ必要な書類を入れます。このときに原本還付が必要ならば、そのことを係員に申し出て必要な手続をとってもらいます。なお、申請書を入れる箱はなく、直接職員に申請書を渡す方式の法務局もあります。

② 調査係

　受付がなされると、申請書一式は「調査係」に回されます。そして、会社法、商業登記法などの関係する法令に照らし合わせて、必要事項がすべて記入されているか、添付すべき書類が欠けていないかを審査します。

　なお、この審査は形式的なものであって、実際に会社の株主総会で決議が行われているかを調べることはしません。

　通常はこの段階で補正の必要があれば、その旨、法務局から電話などで連絡があります。

③ 記入係

　調査係で書式に不備がないことが確認されると、申請書一式は「記入係」に回されます。記入係では、申請書の内容にしたがって登記簿をあらたに作成したり、すでにある登記簿に記載をしたりします。

④ 校合係

　登記簿への記載が終わると、今度は「校合係」が確認を行います。つまり、登記簿への記載に誤りがないかどうかを、申請書と照らし合わせながら確認していきます。誤りがなければ、登記官が「校合印」を登記簿に押印します。登記として正式に効力が発生するのは、この校合印が押印されたときになります。

■ 登記の申請後に補正がある

　申請書類はその場でいったん受け付けられますが、その後担当官が

詳しく内容を審査して書類の記載に不備が見つかった場合には、それを補正するように求められます。提出された登記申請書の申請人、受付年月日、受付番号、登記の種類は受付簿に記載されます。後日、法務局で補正の有無を確認しましょう。補正は、登記申請に不備がある場合にそれを訂正したり補充したりする作業です。

補正の有無を知る方法は、法務局によって多少の違いがあることが考えられますが、通常は、登記申請書に連絡先の電話番号を書かせ、補正の必要がある場合には連絡する、というシステムをとっているところが多いといえるでしょう。

補正のために法務局に出頭するときには、訂正用の筆記用具と印鑑を持参しましょう。通常、不備がある箇所に付箋が貼られた申請書を渡されますので、どんな間違いがあったか、どこをどう直せばよいか確認し、補正します。万一、不備がひどく補正できないような場合には、申請の取下げをせざるをえないこともあるでしょう。

なお、補正は郵送でもできます。郵送で申請した場合はもちろんのこと、法務局に直接行って申請書を提出した場合、オンラインで申請した場合であっても、郵送で補正することができるのです。

● 登記申請手続き（書面申請の場合）

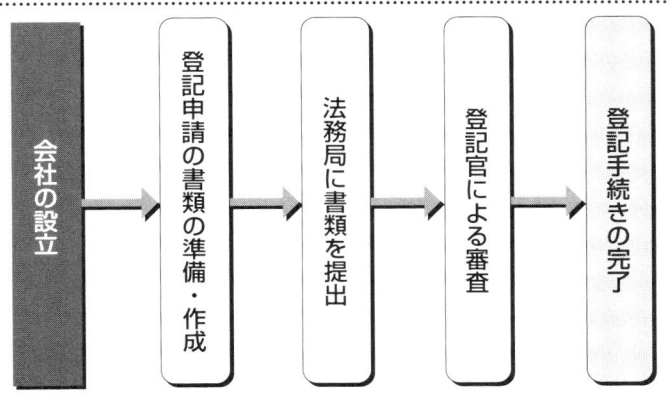

会社の設立 → 登記申請の書類の準備・作成 → 法務局に書類を提出 → 登記官による審査 → 登記手続きの完了

11 申請書の取下げについて知っておこう

不備が重大な場合には申請を取り下げる

■ 登記申請書の補正と取下げについて

　登記の申請をしてから、登記が完了するまでの期間は、法務局によって異なりますし、同じ法務局でもその時期に申請が多いか少ないかなどでかなり違ってきます。また、登記申請手続の流れからわかるように、登記の申請はいったん受け付けた上で、不備があるかどうかを審査します。もし、不備があったとき、その後の手続は不備の程度によって異なってきます。

① 不備の程度が軽い場合

　不備の程度が軽く簡単に直すことができるときは、「補正」ということになります。つまり、申請書の間違いを訂正したり、足りない記載を補えばすむ場合は、法務局は申請人に補正をさせ、そのまま手続を進めます。

② 不備の程度が重い場合

　申請人が補正するだけでは足りないほど不備の程度が重いときは、法務局は申請人に対して申請を取り下げるように要請します。申請人は「取下書」を提出して申請を取り下げます。申請が取り下げられると、申請書一式は返却されます。登記印紙によってすでに納めている手数料については、「再使用証明申出書」を提出すれば後日あらためて登記を申請し直す際にそのまま使用できます。申請人が取下げをしないと、申請は「却下」されます。

　取下げや却下の後は、登記申請は初めからやり直すことになります。なお、登記申請を却下されたことについて納得がいかない場合は、法律上の救済手続をとることができます。

12 登記事項証明書を取得するにはどうしたらよいのか

さまざまな登記事項証明書がある

■ 登記事項証明書には多くの情報が記載されている

　会社についてある程度のことを調べたい場合には、登記事項要約書を取得すれば足りることも少なくないでしょう。しかし、登記事項要約書では、商号区、会社状態区以外の区については、1通で3つの区しか請求できません。4つ以上の区について調べたい場合には、2通以上の登記事項要約書を取得する必要があります。また、登記事項要約書は証明書にはなりません。

　そこで、ある程度以上の規模の会社について、その全体的なことを知りたい場合や後々その会社の登記内容についての証明書が必要になることが予想される場合には、登記事項証明書を取得したほうがよいでしょう。

　登記事項証明書とは、磁気ディスクで作成された登記簿の内容を紙にプリントアウトし、登記官による認証文が記され、認証印が押印されているものです。登記事項証明書の交付を申請する場合、法務局で登記事項証明書交付申請書に自分の住所、氏名、商号（会社名）、本店（本社所在地）などを記入、必要事項にチェックを入れて窓口に提出します。

　手数料は書面で請求する場合、登記事項証明書1通につき700円ですが、1通の枚数が50枚を超える場合には、以後50枚ごとに100円が加算されます。手数料は収入印紙または登記印紙で納めます。

　なお、登記事項証明書というのは総称であり、実際には後述のように「履歴事項全部証明書」「現在事項一部証明書」などさまざまなものがありますので、用途にしたがってどの証明書を請求すればよいか

考えて請求するとよいでしょう。

全部事項証明書は3種類ある

登記事項証明書には、大きく分けて全部事項証明書と一部事項証明書、代表者事項証明書があり、全部事項証明書と一部事項証明書にはそれぞれ3つの種類があります。3種の全部事項証明書は、それぞれ記載されている内容が異なります。調べたい内容に応じて交付を申請してください。

① 現在事項証明書

商号や本店の所在地以外は現在の登記事項しか記載されていない証明書です。会社の過去、つまり抹消された事項については記載されていません。したがって、これからその会社と取引に入ろうとする人が信用調査をする場合には、この証明書では資料としては不十分でしょう。むしろ、自分の会社が何かの手続をする場合に添付すべき書類として使用するのに向いているといえます。

② 履歴事項証明書

現在有効な登記内容の他に、過去3年間にすでに抹消された事項についても記載されている証明書です。過去3年間とは、厳密に言えば、交付を申請した日の3年前の年の1月1日以降ということになります。履歴事項証明書を参照すれば、変更された商号や目的、退任した取締役・監査役などの役員の氏名を知ることができます。そのため、信用調査という目的には最適です。

③ 閉鎖事項証明書

会社が解散したり管轄の外へ本店が移転したりした場合などは、登記の記録が閉鎖されることになります。それでも、その会社について調べることができるように交付されるのが、閉鎖事項証明書です。

また、3年前の1月1日以前の履歴について調べたいときには、この証明書を利用します。

■一部事項証明書とは

一部事項証明書というのは、従来の登記簿抄本に代わるもので、商業登記簿の中の一部の区だけを記載した証明書です。株式・資本区、目的区、役員区、支配人区などの各区から必要なものにチェックを入れて請求します（商号区及び会社状態区は特に請求しなくてもすべての一部事項証明書に記載されます）。

■代表者事項証明書とは

代表者事項証明書とは、その会社の代表権がある者について証明した登記事項証明書です。代表権ある者の職名（取締役、代表取締役など）、住所、氏名が記載されています。登記申請や訴訟の場合など、誰が代表権を持っているかを証明しさえすればよい場合に、この証明書を取得します。

● 登記事項証明書の種類

現在事項証明書	現在の登記事項を記載した証明書
履歴事項証明書	現在有効な登記内容の他に、過去3年間にすでに抹消された事項についても記載されている証明書
閉鎖事項証明書	閉鎖した登記記録に記録されている事項に関する証明書
代表者事項証明書	その会社の代表権がある者を証明した証明書

13 商号の変更手続について知っておこう

商号を変更するには定款の変更が必要になる

■ 定款変更の手続き

　会社が存続中に商号を変更するためには、定款変更の手続きを行うことが必要となります。具体的には、株主総会を開き、その特別決議（原則として株主の議決権の過半数をもつ株主が出席し、出席した株主の議決権の3分の2以上の決議で行う決議のこと）を経なければなりません。

　株主総会を招集するにあたっては、取締役会設置会社では、取締役会を開いて株主総会の開催の日時・場所の他、株主総会に提案する定款変更の内容などについて具体的に決めなければなりません。取締役会非設置会社では、取締役の過半数でこれらのことを決定します。取締役会で以上の事柄を決めた後、代表取締役が株主総会を招集します。

　株主総会を招集するには、定款に別段の定めがない限り、会日の2週間前までに、株主に対し招集通知を発しなければなりません。株主総会の終了後は、その議事について議事録を作成し、議事の経過とその結果を記載し、議長と出席した取締役が署名か記名押印することが必要となります。

　総株主の同意があれば、株主総会を開かないで株主総会の決議と同一の効力を有する「書面による決議」をすることもできます。書面による決議が行われた場合は、株主総会の議事録の代わりに、株主全員が記名押印した「総株主の同意書」（161ページ）を作成します。

　定款変更の効力は、原則として株主総会の決議が成立したときに生じます。

■ 何を登記するのか

商号を変更した場合に登記すべき事項としては、変更後の商号と変更の年月日があります。定款変更の決議後、本店の所在地では2週間以内、支店の所在地では3週間以内に変更登記の申請をする必要があります。

もし、登記の申請をしないままその期間が経過したとしても、登記の申請は行わなければなりません。ただ、所定の期間内に登記の申請を行うことを怠ると、100万円以下の過料の制裁を受ける可能性があります。

■ 法務局に提出する書類について

商号変更登記を申請する際、法務局に提出を要する書類としては、たとえば以下のようなものがあります。

① 登記申請書
② OCR用申請用紙またはフロッピー・ディスク、CD-R
③ 株主総会議事録（または総株主の同意書）
④ 委任状（司法書士などの代理人に登記申請を委任する場合）

● 商号変更登記の流れ

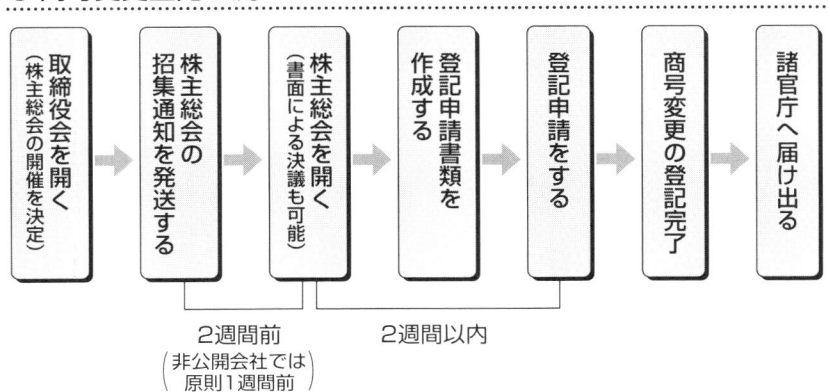

取締役会を開く（株主総会の開催を決定）→ 株主総会の招集通知を発送する → 株主総会を開く（書面による決議も可能）→ 登記申請書類を作成する → 登記申請をする → 商号変更の登記完了 → 諸官庁へ届け出る

2週間前（非公開会社では原則1週間前）
2週間以内

代理人に委任して登記の申請をする場合は、委任状を登記申請書に添付して法務局に提出する必要があります。
　商号を変更した場合、会社代表者の印鑑として法務局に登録されていた印鑑届出事項の記載事項に変更が生じます。しかし、原則として、改めて印鑑届出事項についての変更の手続きを行うことは不要です。
　もっとも、商号の変更をするのと同時に法務局に届け出ている印鑑を変更する場合には、印鑑の改印届をしなければなりません。
　なお、同一の株主総会で商号と同時に目的についても変更を行った場合には、商号変更登記の申請と目的変更登記の申請を同時に申請することができます（170ページ）。

■ その他申請についての注意事項

　登記申請書は、通常、横書きで作成します。これに合わせて添付書類も横書きで作成したほうが、後でチェックする際に見やすく、また登記官も見やすいでしょう。
　文字は、正確に、誰にでも読めるようにはっきりと書くようにします。金銭その他の物の数量、年月日を記載する場合には、算用数字が使用できます。
　文字を訂正する場合は、訂正前の文字が読めるようにその原形を残しておくことになっています。そこで訂正の方法は、用紙の左側か上部の余白に、「何字加入、何字削除」というように記載し、その箇所に申請人である会社代表者（代理人によって申請する場合は代理人）が押印するという形がとられます。
　提出書類の具体的な記載方法については、162ページ以下で説明します。

書式　総株主の同意書サンプル

　　　　　　　　　証　明　書

　当会社は、平成24年1月20日付けをもって議決権を行使することができる株主の全員に対して、会社法第319条第1項の規定に基づき、株主総会の決議事項につき会社提案を行い、平成24年1月30日までに、議決権を行使することができる株主の全員から別添書面のとおり、提案に同意する旨の同意書の提出を受けたことを証明します。

　平成〇〇年〇〇月〇〇日

　　　　　　　　　　　　　　　　　株式会社永松商事
　　　　　　　　　　　　　　　　　代表取締役　永松慶太郎　㊞

株式会社永松商事　御中

　　株主総会決議事項についての会社の提案の内容に対する同意書

　私は、会社法第319条第1項の規定に基づき、下記の会社の提案の内容に同意します。
　　平成24年1月25日

　　　　　　　　　　　　　　　東京都豊島区池袋〇丁目〇番地〇号
　　　　　　　　　　　　　　　　　　　山田英介　㊞

　　　　　　　　　　　　　　記

会社の提案の内容
　1　第〇期貸借対照表、損益計算書承認の件
　　　（添付書類のとおり）
　2　定款変更の件
　　　（変更の理由及び変更内容は、添付書類のとおり）
　3　取締役1名選任の件
　　　当会社取締役として、近藤貴男氏を選任する。
　　　　　　　　　　　　　　　　　　　　　　　　以　上

14 商号変更登記の申請書類の書き方について知っておこう

申請書類の作成ポイントを知っておく

📄 登記申請書（165ページ）

書類を作成するにあたっては、以下の点に注意しましょう。

① まず、変更前の会社の商号（本書の設定では「株式会社星光商事」）を、正確に記載します。略字を用いることはできません。
② 会社の本店の所在場所を記載します。この記載は、会社の登記簿上の記載と一致している必要があります。所在場所を「○○区△△1－3－4」というように、略することは認められていません。
③ どのような理由により、登記の申請を行うかを明らかにするため、「登記の事由」を記載します。
④ 「登記すべき事項」として、変更年月日（定款変更決議の日）と変更後の新商号を記載します（実際にはFDなどに記載します）。
⑤ 商号変更登記の登録免許税は、本店の所在地では3万円です。
⑥ 商号変更を決議した株主総会の議事録を登記申請書の添付書類として提出します。
⑦ 申請年月日は、実際に登記所に申請書類を提出する日付です。
⑧ 申請年月日の後に記載する本店所在場所は、②の記載と一致しなければなりません。
⑨ 申請人として、変更後の商号（本書の設定では「株式会社スターライト商事」）を記載してください。
⑩ 登記の申請人となる代表取締役の住所氏名を記します。

氏名の左側には「代表取締役」の資格を記載します。代表取締役の住所は、登記簿上の表示と一致している必要があります。

代表取締役が自分で申請する場合は代表取締役の印（商号変更に伴

い改印する場合には、新しい代表取締役の印）を押印する必要がありますが、代理人により申請する場合は、代表取締役の押印は不要です。
⑪　代理人により申請する場合は、代理人の住所氏名を記載します。委任状に記載された代理人の住所氏名と一致している必要があります。
⑫　登記申請書に押す代理人の印については、別に制約がありません。認印でもかまいません。
⑬　登記所の表示として申請先の法務局を記します。
　申請先が法務局あるいは地方法務局の本局（登記課あるいは法人登記課）であるときは、単に「○○法務局」か「△△地方法務局」となります。申請先が法務局か地方法務局の支局であるときは、「○○（地方）法務局△△支局」と記載されます。申請先が出張所である場合は、「○○（地方）法務局××出張所」となります。
⑭　登録免許税納付用台紙との間に、申請人が申請書に押印した印と同じ印で、1か所契印（書面が2枚にまたがる場合に一体のものであることを示すためにとじ目をまたいで押印するもの）をしてください。

株主総会議事録（167ページ）

　株主総会で商号変更に関する定款変更の決議が成立した場合の、株主総会議事録の記載例についての書式です。議決権を行使できる株主の議決権の過半数にあたる株主が出席していなければなりません。
①　開催の日時を算用数字で記載しましょう。
②　株主総会の開催場所を記します。本店以外の場所で開催したときは、建物の名称と所在地番を記載します。
③　定款で定められた者が議長になりますが、代表取締役社長が議長になる場合は、文例のように記載します。
④　議事録を作成した日付を記します。
⑤　株主総会の議事録に議長と出席取締役が押す印鑑については、議

長である代表取締役の印は登記所に届け出ている代表取締役の印を押すのが一般的です。その他の取締役の印には制限がありません（認印でもかまいません）。

■ 委任状

商号の変更登記申請を司法書士に依頼して代理申請する場合には、司法書士に権限を委任したことを証明する委任状を登記申請書に添付して登記所に提出します。

■ 印鑑（改印）届書（169ページ）

商号を変更した場合、代表取締役の印鑑として登記所に登録されていた印鑑届出事項の記載事項に変更が生じます。しかし、原則として、改めて印鑑届出事項についての変更の手続を行うことは不要です。

もっとも、商号の変更をするのと同時に登記所に届け出ている印鑑を変更する場合には、印鑑の改印届をしなければなりません。

届書は以下の手順で記載しましょう。

① 登記所に届け出る新たに調整した代表取締役の印を鮮明に押します。
② 変更後の商号を記載します。
③ 会社ごとに12ケタの番号がつけられているので、その番号を記載します。
④ 届出人欄には代表取締役個人の住所を記します。
⑤ 代表取締役個人の実印を鮮明に押します。
⑥ 代表者個人の市区町村長発行の印鑑証明書（発行後3か月以内のもの）を貼りつけます。

> **書式　登記申請書（商号の変更）**

株式会社変更登記申請書

　　　　　　　　　　　　　　　　　　　　　　　　会社番号　123456

1．商　　　　　号　　株式会社星光商事
1．本　　　　　店　　東京都新宿区××五丁目2番1号
1．登 記 の 事 由　　商号変更
1．登記すべき事項　　別添FDのとおり
　　　　　　　　　　（別紙を使用する場合は「別紙のとおり」と記載）
1．登 録 免 許 税　　金3万円
1．添 付 書 類　　　株主総会議事録　　　　　　　　1通

上記のとおり登記を申請する。
平成23年8月7日

　　　　　　　　　　東京都新宿区××五丁目2番1号
　　　申請人　　　株式会社スターライト商事
　　　　　　　　　　東京都新宿区××七丁目3番2号
　　　　　　　　　　代表取締役　星　光男
　　　　　　　　　　連絡先TEL03-1234-5678

東京法務局　新宿　出張所　御中

書式　登記すべき事項を磁気ディスクで提出する場合（商号の変更）

「商号」株式会社スターライト商事
「原因年月日」平成２３年８月７日変更

書式　株主総会議事録（商号の変更）

臨時株主総会議事録

　平成23年8月7日午前9時00分より、当社の本店において臨時株主総会を開催した。

当会社の株主総数　　　　　　　　　　　　　　　　　　3名
発行済株式総数　　　　　　　　　　　　　　　　　200株
議決権を行使することができる株主の総数　　　　　　　3名
議決権を行使することができる株主が有する議決権の総数　200個
議決権を行使することができる出席株主数（委任状によるものを含む）3名
この議決権の総数（委任状によるものを含む）　　　200個

出席した役員　　代表取締役　星光男、取締役　崎岡円蔵、
　　　　　　　　同　井田善治
　　　　　　　　監査役　　　　　村田一郎
　　　　　　　　議事録作成者　　代表取締役　星光男

　定刻、代表取締役星光男は議長席に着き開会を宣し、上記のとおり本日の出席株主数及びその議決権数等を報告、本総会の付議議案の決議に必要な会社法及び定款の定める定足数を満たしている旨を述べ、直ちに議案の審議に入った。

議案　　定款一部変更の件

　議長は、定款第1条（商号）を次のとおり変更したい旨を説明、その賛否を議場に諮ったところ、満場一致の決議をもって原案どおり可決確定した。

（商号）
第1条　当会社は、株式会社スターライト商事と称する。

　議長は以上をもって本日の議事を終了した旨を述べ、午前9時30分閉会した。
　以上の決議を明確にするため、この議事録をつくり、議長及び出席取締役がこれに記名押印する。

　平成23年8月7日
　　株式会社スターライト商事　　臨時株主総会

　　　　　議長　代表取締役　　　星　光　男　　㊞

　　　　　　　　出席取締役　　　崎岡円蔵　　　㊞（認印でも可）

　　　　　　　　出席取締役　　　井田善治　　　㊞（認印でも可）

　　　　㊞　　　㊞（認印でも可）　㊞（認印でも可）

書式　印鑑（改印）届書

印　鑑　（　改　印　）　届　書

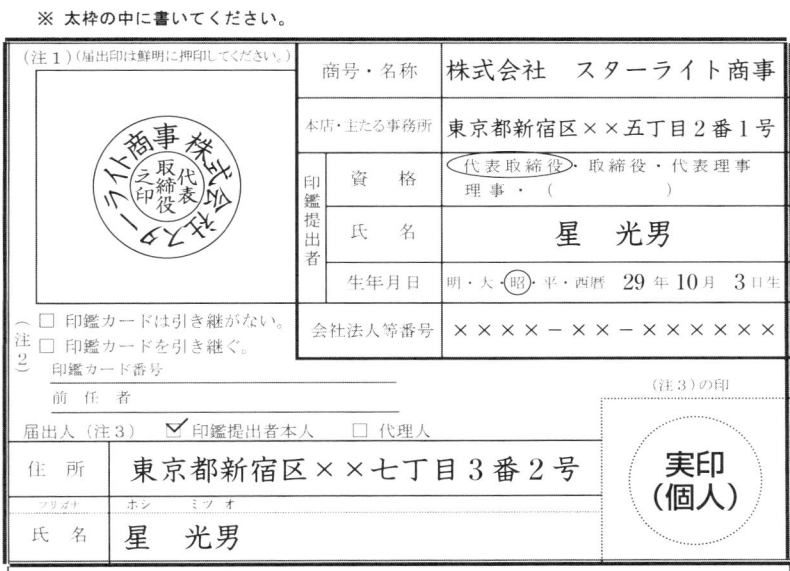

※ 太枠の中に書いてください。

(注1)（届出印は鮮明に押印してください。）	商号・名称	株式会社　スターライト商事
	本店・主たる事務所	東京都新宿区××五丁目2番1号
[印影：スターライト商事株式会社　代表取締役之印]	印鑑提出者　資格	ⓘ代表取締役・取締役・代理事　理事・（　　　　　）
	氏名	星　光男
	生年月日	明・大・㊭・平・西暦　29年10月3日生
□ 印鑑カードは引き継がない。 □ 印鑑カードを引き継ぐ。 (注2) 印鑑カード番号 前任者	会社法人等番号	××××－××－××××××

届出人（注3）　☑印鑑提出者本人　□代理人

住　所　東京都新宿区××七丁目3番2号

フリガナ　ホシ　ミツオ

氏　名　星　光男

（注3）の印　[実印（個人）]

委　任　状

私は，(住所)
　　　　(氏名)
を代理人と定め，印鑑(改印)の届出の権限を委任します。
　平成　　年　　月　　日
　住　所
　氏　名　　　　　　　　　　　　　　　印

[市区町村に登録した印鑑]

□　市区町村長作成の印鑑証明書は，登記申請書に添付のものを援用する。（注4）

(注1)　印鑑の大きさは，辺の長さが1cmを超え，3cm以内の正方形の中に収まるものでなければなりません。
(注2)　印鑑カードを前任者から引き継ぐことができます。該当する□にレ印をつけ，カードを引き継いだ場合には，その印鑑カードの番号・前任者の氏名を記載してください。
(注3)　本人が届け出るときは，本人の住所・氏名を記載し，市区町村に登録済みの印鑑を押印してください。代理人が届け出るときは，代理人の住所・氏名を記載，押印（認印で可）し，委任状に所要事項を記載し，本人が市区町村に登録済みの印鑑を押印してください。
(注4)　この届書には作成後3か月以内の**本人の印鑑証明書**を添付してください。登記申請書に添付した印鑑証明書を援用する場合は，□にレ印をつけてください。

印鑑処理年月日					
印鑑処理番号	受　付	調　査	入　力	校　合	

(乙号・8)

15 商号と目的を同時に変更する場合の変更登記手続き

登録免許税のことを考え1つの手続きですませるのがよい

■ 提出の仕方を考えて申請する

　会社が営もうとする事業のことを「目的」と呼びます。会社の設立後、設立時に決めた目的を変更することもできますが、会社の目的は定款の絶対的記載事項であり、登記すべき事項なので、変更する場合は、改めて変更登記の申請をしなければなりません。そして、同一の株主総会で、商号変更と目的変更に関する定款変更の決議をしたときは、商号変更登記の申請と目的変更登記の申請を1つの登記申請書で申請することができます。もし、商号変更登記の申請と目的変更登記の申請を別々の登記申請書で行ったとすると、登録免許税がそれぞれ3万円ずつかかりますが、1つの登記申請書で行えば、1件分3万円で足りるからです。本店の所在地で、商号変更登記の申請と目的変更登記の申請を同一の申請書で申請する場合、登記所に提出することが求められる書類には、①登記申請書、②別紙（FDなどの磁気ディスクまたはOCR用申請用紙）、③株主総会議事録、④委任状（代理人が申請する場合）、⑤代表取締役の改印届書（改印する場合）があります。

・**登記申請書（次ページ）**

　「登記の事由」欄の記載以外は、商号変更登記の申請書に記載すべき事項と、目的変更登記の申請書に記載すべき事項とをあわせた形になります。なお、会社の商号変更に伴い、会社の代表印を改印した場合には、改印後の新しい会社代表印を登記申請書に押印します。

・**登記すべき事項（FD）（172ページ）**

　商号変更登記と目的変更登記の申請書に記載すべき事項とをあわせた形になります。

書式　登記申請書（商号と目的の変更）

株式会社変更登記申請書

　　　　　　　　　　　　　　　　　　　会社番号　　123456

1. 商　　　　　号　　株式会社星光商事
1. 本　　　　　店　　東京都新宿区××五丁目2番1号
1. 登 記 の 事 由　　商号変更
　　　　　　　　　　目的変更
1. 登記すべき事項　　別添FDのとおり
　　　　　　　　　　（別紙を使用する場合は「別紙のとおり」
　　　　　　　　　　と記載）
1. 登 録 免 許 税　　金3万円
1. 添 付 書 類　　　株主総会議事録　　　　　　　　1通

上記のとおり登記を申請する。
平成23年8月7日

　　　　　　　東京都新宿区××五丁目2番1号
　　　　　　　申請人　　株式会社スターライト商事
　　　　　　　東京都新宿区××七丁目3番2号

　　　　　　　代表取締役　星　光男

　　　　　　　連絡先TEL03-1234-5678

東京法務局　新宿　出張所　御中

書式　登記すべき事項を磁気ディスクで提出する場合（商号と目的の変更）

「商号」株式会社スターライト商事
「原因年月日」平成23年8月7日変更
「目的」
　1．不動産の売買、賃貸、管理
　2．広告代理業
　3．コンピュータソフトウェアの開発及び販売
　4．その他商業全般
　5．前各号に附帯又は関連する一切の事業
「原因年月日」平成23年8月7日変更

16 商号権は譲渡できるのか

営業の譲渡・廃止とともに商号を譲渡する

■ 必要事項を記載した契約書による譲渡を行う

　商号を譲渡できるのは、①営業とともに譲渡する場合か、②営業を廃止する場合の2つです。この2つのうちのどちらの形態をとるかによって、契約書の内容が若干異なってきます。

　以下の①～④の事項は、商号を営業とともに譲渡するか、営業を廃止するとともに譲渡するかに関わらず、契約書に記載することが必要な事柄です。

① **当事者の氏名と住所**

　まず、契約書には譲渡人と譲受人の氏名と住所を記載する必要があります。会社が譲渡人や譲受人になる場合には、その会社の名称のほかに代表取締役の名前を記載します。

② **譲渡する商号**

　商号を特定するには使用者である商人（会社）と商号の名称が必要です。商号の譲渡は移転登記をしなければ第三者に譲渡を対抗（主張）することができません。

③ **商号譲渡の代金**

　商号を譲り受ける会社が支払う代金の額を記載します。

④ **事業譲渡（営業譲渡）・廃止の時期**

　商号は営業と共にするか廃業しないと譲渡できません。営業を譲渡・廃止する時期を契約書の中で明記します。

　なお、譲渡後、商号を続用する場合で譲渡人の負債を承継しない場合には、その旨の登記をするか、債権者に引受拒絶の通知をしなければいけません。

■契約書作成上の注意点

　営業の廃止と共に商号を譲渡する場合には、商号譲渡の契約書（次ページ）には前述した①～④の事項を記載します。

　事業譲渡（営業譲渡）とともに商号を譲渡する場合には①～④の事項のほかに事業譲渡に関することを契約書に記載することが必要です。

　会社は、従業員、工場、設備、仕入先、納入先、金銭などの個々の財産は、その財産以上の価値を持ちませんが、さまざまな財産を上手に組み合わせて、ひとつのしくみとして機能させることで利益を生み出すことができます。この「利益を生み出すしくみ」を「事業」といいます。この「事業」を他の会社に移転させることが事業譲渡になります。

　事業譲渡とともに商号も譲渡する場合には、事業譲渡に関する契約書に商号の譲渡について記載します。「商号及び事業譲渡契約書」（176ページ）の中では、事業を譲渡した会社の従業員の処遇や競業避止義務について規定されていますが、これらは商号の譲渡とは関係なく事業譲渡を行う上で必要な規定です。

　「商号及び事業譲渡契約書」では、事業譲渡を行う際に譲受会社が支払う金銭と商号について支払われる金銭を合わせた金額を記載しています。しかし、事業譲渡と商号を区別して代金を定めることも可能です。

　また、会社にとって重要な事業の譲渡を行う場合には、株主総会の承認がなければ事業譲渡はできません。そのため、株主総会での承認が得られなければ商号と事業譲渡の契約の効力は生じないことも規定しています。

書式　商号譲渡契約書

商号譲渡契約書

　甲と乙は、甲の使用する商号を乙に譲渡することとし、以下のとおり契約を締結する。

第1条（本契約の目的） 本契約は、甲所有の第2条に示す商号につき、これを乙に有償にて譲渡することを目的とする。
第2条（商号の譲渡） 甲は、乙に対し、下記に記載した営業のために使用している商号を代金○○○○○円をもって乙に譲渡することとする。

記

1　商号の使用内容　　甲が○○県○○市○○町○丁目○番○号所在の建物において営業する○○○業
2　商　　　号　　甲が○○地方法務局○○支局に登記した本条一号記載の営業に使用する商号　　　○○○○

第3条（廃業手続） 甲は、本契約成立と同時に、第2条に規定する営業の廃業手続を速やかに行うこととする。
第4条（合意管轄） 本契約条項の法律関係に紛争が生じた場合は、甲の住所地を管轄する地方裁判所を第一審裁判所とすることを、甲乙双方は合意する。
第5条（協議） 本契約に定めのない事項につき、甲乙双方は協議してこれを決定する。

　本契約の成立を証するため、本書を2通を作成し、甲乙署名押印の上、各自1通を保有する。

平成○○年○月○日

　　　　　　　　　　　大阪府○○市○○区○○町○丁目○番○号
　　　　　　　　（甲）　○○産業株式会社
　　　　　　　　　　　　　代表取締役　　○○○○　㊞
　　　　　　　　　　　大阪府○○市○○区○○町○丁目○番○号
　　　　　　　　（乙）　××商工株式会社
　　　　　　　　　　　　　代表取締役　　○○○○　㊞

書式　商号及び事業譲渡契約書

商号及び事業譲渡契約書

　○○株式会社（以下「甲」という）と××株式会社（以下「乙」という）は、甲の事業を乙に譲渡し、それとともに甲の有する商号を乙に譲渡することを目的に、本契約を締結する。

第1条（**契約の目的**）甲は、乙に対して、平成○○年○○月○○日（以下「譲渡日」という）をもって、甲の事業を乙に譲渡し、それとともに甲の商号も乙に譲渡する。

第2条（**事業譲渡の対象となる財産**）甲から乙に譲渡される財産は、譲渡日における甲の本事業に関する一切の資産及び負債とする。

第3条（**譲渡代金**）本契約の代金は、譲渡日における時価を基準とし、金○○○円から×××円までの範囲で、甲乙協議の上、これを定める。この代金には、商号に関する対価も含まれる。

第4条（**代金の支払方法等**）譲渡代金の支払方法・支払時期、譲渡財産の引渡方法・手続は、甲乙協議の上、これを定める。

第5条（**善管注意義務**）甲は、本契約締結後引渡完了まで、善良な管理者の注意をもって、譲渡財産を管理運営する。

第6条（**従業員の処遇**）乙は、本事業に従事する甲の従業員を譲渡日において引き継ぐものとし、従業員に関するその他の取扱いについては甲と協議の上、これを定める。

第7条（**株主総会の承認**）甲及び乙は、平成○○年○○月○○日までに株主総会を開催し、本契約について承認を得なければならない。

第8条（競業避止義務） 甲は、譲渡財産の引渡完了日の翌日から5年間、本事業と同一の事業を行ってはならない。

第9条（商号の譲渡） 甲は、乙に対し、下記に記載した営業のために使用している商号を、本契約の効力発生日をもって乙に譲渡することとする。

記

1　商号の使用内容　甲が○○県○○市○○町○丁目○番○号所在の建物において営業する○○○業

2　商　　　号　　甲が○○地方法務局○○支局に登記した本条一号記載の営業に使用する商号　　○○○○

第10条（本契約の効力発生要件） 本契約は、甲及び乙が、株主総会の承認を得なければ、その効力を生じない。

第11条（合意管轄） 本契約条項の法律関係に紛争が生じた場合は、甲の住所地を管轄する地方裁判所を第一審裁判所とすることを、甲乙双方は合意する。

第12条（協議） 本契約に定めのない事項につき、甲乙双方は協議してこれを決定する。

平成○○年○月○日

　　　　　　　　　埼玉県○○市○○区○○町○丁目○番○号
　　　　　　　　　（甲）　　○○株式会社
　　　　　　　　　　　　代表取締役　　○○○○　　㊞
　　　　　　　　　神奈川県○○市○○区○○町○丁目○番○号
　　　　　　　　　（乙）　　××株式会社
　　　　　　　　　　　　代表取締役　　○○○○　　㊞

17 商号の不正利用への対抗手段について知っておこう

営業の譲渡・廃止とともに商号を譲渡する

■ 商号の使用が「不正競争」といえるかどうかで判断する

　他の商人が自分の用いている商号ときわめて類似する商号を用いている場合には、そのような誤認されるおそれのある商号を使用する者に対して、その使用を止めるように請求することができます。それによって、損害が生じている場合は、その賠償を請求できます。

　商号の使用差止めというのは、普通は、将来における一切の使用を排除することですが、同一または類似とされた商号がすでに登記されているものであれば、その商号登記の抹消も請求することができます。なお、同一の商号を同一の住所に登記することは、商業登記法上認められていません。

　また、商号の不正利用を防止することを目的とした法律に不正競争防止法があります。不正競争とは、たとえば、需要者の間に広く認識されている他人の商品等表示と同一または類似の商品等表示を使用し、他人の商品又は営業と混同を生じさせる行為です。このような行為を行った者には、5年以下の懲役もしくは500万円以下の罰金といった罰則も科せられます。

　ただ、商号が似ているかかどうか、不正利用といえるかどうかという問題は、なかなか判断が難しいため、弁護士などに相談するのがよいでしょう。

書式　商号の使用中止を請求する通告書

通告書

　当社は、平成○年○月○日付で「イロハ生花」なる商号を登記し、東京都○○区において生花販売業を営んでおります。

　しかるに貴殿は、同じく東京都○○区において、「イムハ生花」なる商号を用いて生花販売業を営み、しかも看板の色使いや店舗の飾りつけなども、当社ときわめて似かよった形で営業を続けておられます。貴殿の行為は、不正の目的による類似商号の使用といえますので、直ちに右商号の使用を中止されるよう請求致します。

　なお、本書面到達後1週間以内に、貴殿から誠意ある回答が得られない場合には、当社としましては、貴殿に対して商号使用差止め及び損害賠償請求訴訟を提起する所存でありますことを、念のため申し添えます。

　平成○年○月○日
　　　東京都○○区○○2丁目3番4号
　　　イロハ生花株式会社
　　　　　　　　　　　　　代表取締役　新田次郎　印

　東京都○○区○○1丁目2番3号
　イムハ生花　田中次郎　殿

書式　商号の使用中止請求に応じられないことを伝える回答書

回答書

　貴社から、平成○年○月○日付の通告書を受領致しましたのでご回答申し上げます。

　それによりますと、貴社の商号である「イロハ生花」と当方が使用する商号である「イムハ生花」とが類似しているとのご主張ですが、この「イムハ生花」なる商号は、称呼上「イロハ生花」という商号とは明らかに異なっており、また、一般人においても両者の営業を誤認・混同する恐れはないものと思料します。

　従いまして、貴社の主張には理由がないと思われますので、当方としては、貴社のご請求に応じることはできません。

　以上、ご理解下さいますよう、宜しくお願い申し上げます。

　平成○年○月○日

　　　　東京都○○区○○２丁目３番４号
　　　　　　　　　　　　　　　　　イムハ生花　田中次郎　印

東京都○○区○○２丁目３番４号
イロハ生花株式会社
代表取締役　新田次郎　殿

第5章

デザインを守る意匠権のしくみ

1 システムデザインについて知っておこう

組み合わせると高度な意匠になる場合である

■ ナイフとフォークは一心同体？

　意匠権は、「一意匠一出願」が原則です。そして、意匠は物品のデザインですから、意匠が1つであれば物品も1つでなくてはならないのが原則です。たとえば、ボールペンとペンケースという2つの物品に、それぞれ意匠を施したときには、意匠は2つですから、2つの意匠登録の出願をすることになります。2つの物品が無関係なものなら、この原則はもっともなのですが、通常は同時に使用される2つ以上の物品のデザインの場合にも、この原則を貫くのは問題があります。

　たとえば、本項のタイトルのように、ナイフとフォークのそれぞれに簡易なデザインを施し、一つ一つは簡易でも、2つを組み合わせることで高度な意匠になるような場合です。このような2つ以上の物品にわたるデザインを**システムデザイン**と呼びます。もし、このようなシステムデザインを、それぞれの物品ごとに分けて出願すると、それぞれの物品の意匠は創作性がないとされて、意匠権を取得できないおそれがあります。そこで、このナイフとフォークのように複数の物品でも、同時に使用されるもので、経済産業省令で定めたものに限り、一意匠一出願の例外として「組物の意匠」が認められるようになったのです。

■ 組物の意匠として認められるもの

　もう少し詳しく、組物の意匠として認められるものを説明しましょう。前述のとおり、同時に使用される2以上の物品で、経済産業省令で定めたものであることが前提です。なお、現在は、省令で56の組み

合わせを認めています。

システムデザインが前述したような趣旨のものですから、全体が統一されているものでなければなりません。しかし、統一性があっても、経済産業省令で定められた組み合わせでないものは、組物の意匠の対象にならないので、注意が必要です。

このような要件を満たさないと、組物の意匠権は取得できませんが、原則にかえって、一つ一つの物品が意匠登録の要件を充足するのであれば、別々に意匠権を取得できる可能性は残ります。

組物の意匠権の効果

組物の意匠権も、通常の意匠権と同じように、独占的にそれを使用することなどが認められます。ただし、この効果は、システムデザインに与えられたものです。ですから、他人が統一されたデザインを施した構成物品すべてを製造することは禁止されます。

しかし、他人が、一部の構成物品の意匠を製造しても、システムデザインの意匠権の侵害にはなりません。前述したナイフとフォークの例でいえば、2つ組み合わせてこその意匠権です。ですので、統一性のある組み合わせ意匠を製造してはじめて意匠権の侵害になります。ナイフまたはフォークだけの簡易な意匠を製造しても、侵害にはあたらないのです。

● 組物の意匠

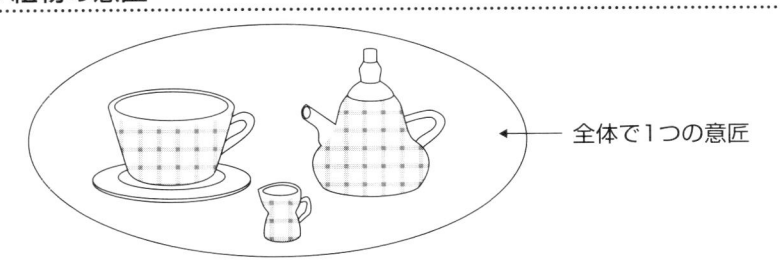

← 全体で1つの意匠

2 部分意匠・関連意匠・秘密意匠について知っておこう

特殊な要件の下で特殊な意匠を保護している

■ 部分意匠とは

　意匠権は、物品の全体についてのデザインに認められるのが原則です。ただ、この原則を貫くと不都合が生じることもあります。

　たとえば、製品の一部分に独創的なデザインがあっても、全体として見ると単純なデザインにすぎないときは、意匠権は取得できないことになります。また、意匠権を取得したデザインの一部分だけを製造しても、意匠権侵害にならないことになってしまいます。

　しかし、実際には、「全体としてはごく平凡なデザインだが、一部にピンポイント的に使われたデザインが効いていて、他と際だった特色になっている」とか、「有名ブランドのデザインをほんの一部マネしているだけだが、明らかにそれとわかる（見間違う）」といったケースが多く見受けられます。

　そこで、このような物品の一部のデザインを保護するために用意されたのが、**部分意匠**の制度なのです。

　なお、平成18年の法改正によって、物品がその本来的な機能を発揮できる状態にする際に必要とされる操作に使用される画面デザインについても、部分意匠として保護されることとなりました。これにより、たとえば携帯電話の通話者選択画面なども登録の対象にすることができます。

■ 関連意匠とは

　意匠権には、独占排他的に使用する効力が認められます。このために、他人がそのデザインを製品化することはできません。この効力は、

まったく同じデザインについてだけではなく、類似したデザインに対しても及びます。

あるデザインAの意匠権を持つ人は、それに類似したデザインBについて、意匠権を取得していなくても、これに対し意匠権の効力を及ぼすことができるのです。

しかし、「類似デザインBにさらに類似するデザインC」は、元のデザインAと類似しているとは限りません。デザインCとデザインAの類似性が認められなければ、第三者はデザインCを使って、デザインAの意匠権者の「縄張りの周辺を食い荒らす」ことができてしまいます。

デザインAの意匠権者としては、デザインBでも意匠権を取っておきたいところですが、BはAに類似しているので、通常の意匠出願を

● 関連意匠

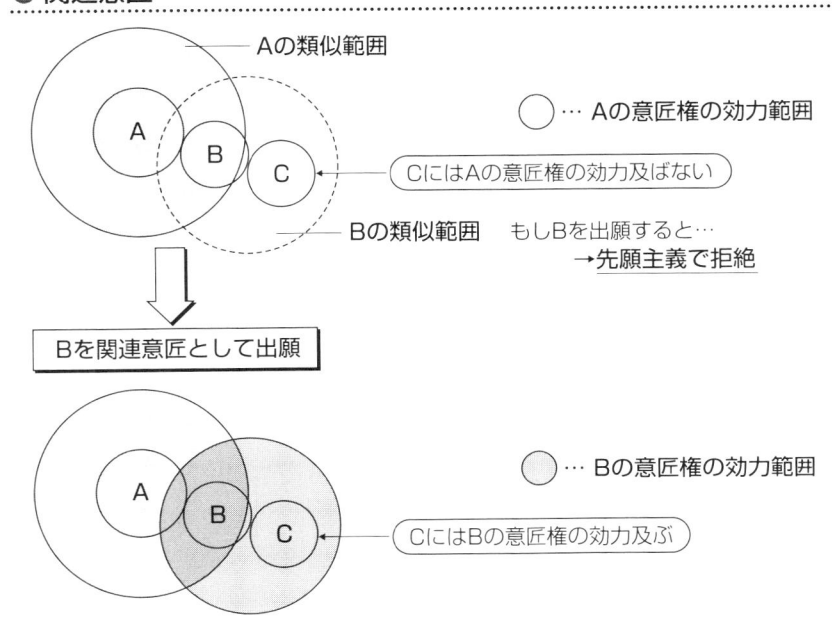

― Aの類似範囲
◯ … Aの意匠権の効力範囲
CにはAの意匠権の効力及ばない
― Bの類似範囲
もしBを出願すると…
→先願主義で拒絶

⬇ Bを関連意匠として出願

◯ … Bの意匠権の効力範囲
CにはBの意匠権の効力及ぶ

しても、Aが先願となってBは意匠登録できません。

このような場合の対策として用意されたのが**関連意匠**です。

関連意匠は、同じ人が相互に類似する他の意匠（本意匠）の出願日以後、意匠公報発行の前日までの間に「関連意匠」として出願すれば、相互に類似していても意匠権が取得できるのです。前述の例では、デザインAの意匠権者はデザインBなどの、Aに類似したデザインも関連意匠として出願して登録できることになります。こうすることで、デザインBなどにも意匠権が与えられますから、デザインAには似ていなくても、デザインBには似ているデザインCについても、他人の使用を排除することができるようになるのです。

秘密意匠とは

たとえば、流行を先読みして、数年後に流行ると思われるデザインを、早い時期に創作することがあります。

このような場合、流行が来てから発売した方が効果的なので、すぐには製品化しないことになります。

しかし、これを製品化するまで意匠権の出願をひかえていると、他人に先を越されてしまうおそれがあります。ですから、できればデザインを創作したらすぐに出願したいものです。

このような場合に、通常の意匠出願をすると問題が生じます。登録された意匠は、手続上一般に公開されてしまうからです。そうすると、流行の時期よりも早くデザインが公表されてしまい、製品化したときの販売力が下がってしまうことが考えられます。

このように、意匠権を取得した後すぐに製品化しない場合、登録の日から最大3年間、登録意匠を秘密にできるのが**秘密意匠**です。

なお、秘密意匠の請求は、出願と同時に行うこととされていましたが、平成18年の法改正によって、第1年分の登録料の納付時にもできるようになりました。

3 一部分のデザインを変更した場合どうなるのか

変更したデザインがどのようなものかによって、対応が変わる

CASE
たとえば、意匠権を取得して発売した既存製品を改良とともに昨今の流行にあわせて、一部分のデザインを変更したとします。このような場合、意匠権はこのままでも、模倣された商品を排除したりすることは引き続いてできるのでしょうか。

アドバイス

このような場合には、変更したデザインがどのようなものかによって、対応が変わってきます。そこで具体的に、建物用ドアという製品の全体デザインについて意匠登録をしていたが、その中の取っ手の部分のデザインを変更したという例を用いて説明します。

まず、この取っ手の部分のデザイン変更がわずかなもので、既に取得している意匠権の類似範囲内であれば、模倣された商品を、この意匠権に基づいて引き続き排除することができます。

次に、取っ手の部分のデザイン変更が大きなもので、既に取得している意匠権の類似範囲を超えているような場合は、既に取得している意匠権で変更後の製品を守ることはできなくなります。したがって、この場合は変更後のドアについて、改めて意匠登録を受ける必要がありますので、変更後のドア全体のデザインについて意匠登録出願をすることになります。

ただ、変更した取っ手の部分のデザインが独創的で特徴があるような場合は、ドア全体ではなく、取っ手の部分だけのデザイン保護を求めて部分意匠登録出願をすることもできます。この場合、願書の「意

匠に係る物品」の欄には「建物用ドア」と記載しますが、図面では取っ手の部分は実線で、それ以外の部分は破線で建物用ドアを記載します。

　このようにして、取っ手の部分のデザインについての意匠権を取得しておくと、ドア全体では類似していないが、取っ手の部分は類似している他社製品をも排除することができるようになります。

　仮に、部分意匠登録をしないと、一部が模倣されていても商品全体を比較して別の商品だとみなされることになります。例で説明すると、独創的なデザインを用いているドアノブのみを第三者が模倣したとしても、ドアの他の部分は模倣していないなければ、ドア全体を見れば全く別の商品ということで意匠権の侵害はないとみなされます。ドアノブについて部分意匠登録をしておけば、ドアノブの部分のみを模倣した者に対しても意匠権を主張できます。そのため、商品の一部について独創的なデザインを用いた場合には、部分意匠登録が必要です。

　なお、意匠の出願をする際には、出願しようとする意匠と関連する意匠についても、意匠権による保護を求めることができます。この、出願しようとしている意匠の本体のことを本意匠といい、本意匠に類似する意匠のことを関連意匠といいます（184ページ）。

　仮に、関連意匠に該当するものを意匠として登録しなかった場合、本意匠に該当するデザインのものを少し変えただけの商品を第三者が製造・販売する可能性があります。関連意匠についても意匠登録することで、意匠権の保護を万全にすることができます。

　本意匠と関連意匠を意匠登録することで、意匠権により保護される範囲を広げることができます。そのため、意匠登録の申請をする際には、本意匠に類似する意匠を想定し、関連意匠についての登録申請をすることが必要です。

4 意匠登録出願の際にこれだけは知っておこう

図面を正確かつわかりやすく作ることがポイント

■出願から登録までの概要

　工業製品の意匠の登録は、特許庁に意匠登録出願をすることから始まります。出願後、書式などに問題がないかなどを審査する方式審査を経て、意匠登録の要件を満たしているかどうかなどの実体審査に入ります。

　ここで拒絶理由がある場合は、意見書や手続補正書をさらに提出して対応することになります。これらの後、審査官が登録を認めた場合には、登録査定がなされ、設定登録となり、意匠権が発生します。

　意匠登録後、図面や願書は特許庁が発行する意匠公報に掲載されます。ただし、意匠登録の後すぐにその製品を販売せず、登録した意匠（デザイン）を公にしたくない場合は、掲載を遅らせる秘密意匠という制度も用意されています。

■願書で物品を特定

　意匠は、工業製品に施されるものなので、製品（物品）を特定しなければなりません。特定の仕方は、願書の「意匠に係る物品」の欄に、特許庁の物品リストから選んで記載します。願書には複数の物品を記載することは認められていません。また、特許庁の物品リストにない新しい製品は、リストの物品と同程度のレベルで記載し、さらに、願書の「意匠に係る物品の説明」の欄で説明します。

■デザインは図面で出願

　意匠（デザイン）は、図面で示すのが原則で、正投影図法、等角投

影図法および斜投影図法による正面図、背面図、左側面図、右側面図、平面図および底面図の6図面を、同じ縮尺で作成します。これは最小構成で、複雑な製品の場合は、断面図や斜視図などの参考図も必要となります。

また、図面にはさまざまな条件があります。たとえば、部分意匠の場合、登録の対象である特徴のある部分を実線で示し、他は破線で作成するなどです。この他にも、細かい制限があるので、専門家に相談することをおすすめします。

なお、図面が原則ですが、写真、ひな形、見本で出願できる場合もあるので、確認するとよいでしょう。

■ 特徴記載書で審査が早まる

特徴記載書は、デザインの特徴を1,000字以内で記載した書類です。願書に必ず添付しなければならないわけではありません。しかし、提出された図面だけでは、意匠の特徴を容易に把握できないような場合は、これによってデザインの特徴が明確になり、登録が早まることがあります。また、意匠公報にも掲載され、第三者の意匠の理解に役立ちます。

■ 意匠権の有効期間

意匠権の有効期間は登録日から20年間です。平成18年の法改正により、15年から20年に延長されました。ただし、登録料を毎年支払わなければ、権利が消滅します。ですから、登録したデザインが古くなり、権利を保持する必要がなくなった場合は登録料を支払わないことで対応できます。

■ 意匠権の効力

意匠権の効力は、願書に添付した図面などで特定した意匠だけでは

なく、類似する意匠にも及びます。ですから、同一の意匠だけではなく、類似したものも含めて、他人が無断使用して意匠権を侵害しているときには、損害賠償の請求や、模倣品の製造・販売の差止が可能です。さらに、10年以下の懲役または1000万円以下の罰金（法人の場合は3億円）という刑罰も定められています。

■ 類似性の判断

　意匠権の効力は登録意匠に類似のものにも及びますが、類似かどうかはどう判断されるのでしょうか。

　これは、視覚を通じた工業デザインの保護という意匠制度の趣旨から、需要者の目から見て、全体的に似ているかどうかで判断します。

　類似性が判断しにくいと、権利の範囲が不明確になります。たとえばノートパソコンは、画面とキーボードと、ポインティングデバイスがあり、その配置はほとんど限定されています。このような製品は、権利の範囲が不明確になるので、いっそうの注意が必要であると同時に、「関連意匠」として別々に登録を受けておくことも有効な対応策となります。

● 出願の際のポイント

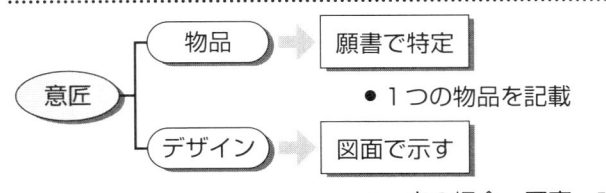

```
                 ┌─ 物品   → 願書で特定
                 │           ● 1つの物品を記載
         意匠 ──┤
                 └─ デザイン → 図面で示す
                             ● 一定の場合、写真、ひな形、見本でもOK
```

5 意匠登録出願の手続と出願書類について知っておこう

出願には複数の方法がある

■意匠登録出願の手続

　意匠登録出願の方法として、以前は書面による出願手続だけが認められていました。しかし、パソコンとインターネットの普及にともない、オンラインを通じた電子出願手続も認められるようになりました。

① **書面による出願手続**

　書面による出願手続には、2つの方法があります。1つは、実際に特許庁の窓口に必要書類を持参して出願するという方法です。もう1つは、必要書類を郵送して出願するという方法です。

・**窓口に直接持参する方法**

　窓口に直接持参すると、もし書式に不備がある場合には、その場で指摘を受けることになります。すぐに補正できる不備であれば、そのまま提出も可能です。郵送の場合よりは、迅速な対応ができるので、急いでいるときは、この方法がよいかもしれません。

・**郵送による方法**

　必要書類を封筒に入れて、郵送で提出する場合の宛先は、以下のとおりです。

```
〒100－8915
東京都千代田区霞ヶ関3－4－3
　　　特許庁長官　殿
（出願書類在中）
```

　登録については先願主義が採用されています。つまり、もし同じま

たは類似の意匠について、複数の者が出願した場合には、先に出願した者に意匠権を与えるという考えです。郵送の場合、どの時点で出願されたのかが問題となりますが、郵便局に差し出した日が基準になります。つまり、消印の日付ということになるのです。

消印が不明瞭な場合もあるので、書留郵便を利用しておくのが無難でしょう。

・**電子化手数料**

事務処理が電子化されているため、出願内容については磁気ディスクに記録されることになります。そして、そのための費用として、出願1件あたり「1200円＋700円×書面枚数」を支払わなければなりません。支払のための振込用紙が財団法人工業所有権電子情報化センターから送付されてくるので、出願から30日以内に納付します。

② オンラインによる出願手続

オンラインによる出願は、特許庁のホームページから無償でダウンロードできるインターネット出願用ソフトを使用します。ただ、電子証明書、回線やスキャナーなどの周辺機器の装備も必要になるため、準備にある程度の費用と時間がかかります。したがって、それほど頻繁に特許庁に出願をしない場合には、各都道府県の発明協会支部に設置されている共同利用パソコンを利用するのもよいでしょう。

出願書類

出願書類としては、願書と図面がそれぞれ各1通必要になります。書面によって出願をする場合は、願書の左上に特許印紙を貼付し、願書を一番上に重ねて、左側をホッチキスで止めます。特許印紙は特許庁や集配をやっている大きな郵便局で購入できます。なお、特許印紙に割印はしないで下さい。

書式　意匠登録出願　願書

特許印紙

（16,000円）

【書類名】　意匠登録願
【整理番号】　A-0123
【提出日】　平成〇〇年〇〇月〇〇日
【あて先】　特許庁長官　殿
【意匠に係る物品】　かばん
【意匠の創作をした者】
　【住所又は居所】　東京都杉並区浜田山〇丁目〇番〇号　意川産業株式会社内
　【氏名】　意川　匠子
【意匠登録出願人】
　【識別番号】　012345678
　【住所又は居所】　東京都杉並区浜田山〇丁目〇番〇号
　【氏名又は名称】　意川産業株式会社
　【代表者　】　意川　匠子　㊞　または　識別ラベル
【提出物件の目録】
　【物件名】　図面　　　　　　　1
　【意匠の説明】　背面図は、正面図と同一にあらわれるため省略する。左側面図は、右側面図と同一にあらわれるため省略する。

書式　意匠登録出願　図面

【書類名】　図面
【正面図】

この例は、正面図と背面図が同一のため、背面図を省略している。

【右側面図】

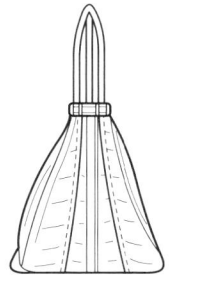

この例は、右側面図と左側面図が同一のため、左側面図を省略している。

【平面図】

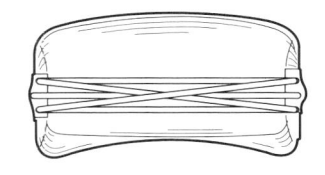

【底面図】

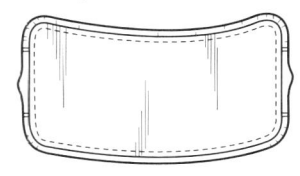

6 意匠審査はどのように行われるのか

全体を把握しておくことが大切

■ 全体を知る必要性

　意匠権は、独占排他的な権利でもあり、大きな効果があります。それだけに、意匠権の出願があったときには、厳格に審査されます。そのために、相当な費用と時間がかかります。さらに、すんなりと結論が出るとはかぎらず、補正を求められることもあります。このような手続ですから、全体を把握しておくことが大切です。

■ 意匠権取得の流れ

　ここでは、取得までの流れを見ていきましょう。

① 出願前の十分な調査

　意匠権は、特許権などと同じように、先願でなければなりません。ですから、先に同一または類似した意匠出願がないかどうかなど、後述する意匠登録の要件を充足しているかどうかは、できるだけ詳しく調査してから出願すべきでしょう。

② 出願

　デザインを創作しただけで、自動的に意匠権は与えられません。デザインを図面や写真などにまとめ、願書と共に提出をする「出願」により、手続が始まります。出願は、パソコンなどからオンラインで、あるいは磁気ディスクなどでもできます。出願が終わると、出願番号が与えられます。

③ 方式審査と補正

　ルールにそった道具を使わなければスポーツでも失格になります。この失格は、能力や技能が劣っていたのではなく、形式違反があった

ことによるものです。意匠出願も同じように、まず、出願書類が形式的に、あるいは手続的に不備がないかを審査するのです。ただし、不備があったときには、いきなり却下ではなく、補正命令が出されます。定められた期限までに補正して、問題を解消すると、次に進むことができます。

④ 実体審査から登録査定

方式審査を通過すると、意匠登録の要件を満たすかどうか、実体的な審査が行われます。これが実体審査です。具体的には、①願書に複数の物品を記載した場合、②出願前にすでに公知になっている意匠や刊行物に記載された意匠と同一・類似の場合、③当業者（その分野で通常の知識を有する者）が、公知の形状や模様、色彩などに基づいて、容易に出願意匠を創作できる場合、④すでに先願の意匠出願が存在する場合は、登録要件を満たしていないと判断され、拒絶理由が通知されます。これに応じて、意見書や補正書を提出し、拒絶理由が解消すると登録査定となりますが、解消できないと拒絶査定になってしまいます。

⑤ 登録

登録査定が出ても、まだ意匠権は発生していません。通知を受けた後に、登録料を支払い、登録された時点で意匠権が与えられます。その後、発行される意匠公報で公表されます。意匠権は、登録の日から最大で20年間認められます。なお、意匠権者には、特許庁長官から意匠登録証が交付されます。

⑥ 拒絶査定不服審判など

④の拒絶査定に不服があるときには、拒絶査定不服審判を請求して審決を求めることができます。この審判の結果にも不満のときは、裁判によって審決の取消しを求める道が残されています。その他、他人の登録に疑義があるときには、無効審判請求を起こすことができます。登録後もこれはできるので、意匠権を与えられた後も注意が必要です。

7 実体審査と最終処分について知っておこう

登録要件を満たしているかどうか

■ 実体審査の位置づけ

　意匠権を取得するために、先行調査の後、出願、そして、方式審査を通過すると、実体審査に進みます。

　ここで行われる審査は、意匠の登録要件を満たしているかどうかですから、いわば取得手続の本丸です。ですから、ここでの手続は、少し詳しく説明します。

■ 審査の着手

　方式審査では、書類や手続の形式的な側面での審査がなされる一方で、意匠分類が与えられます。

　審査は担当の審査官によって行われますが、この意匠分類に応じて審査官の割当が決定されていきます。

　このようにして準備が進み、方式審査が終わると、「審査着手計画」にしたがって、審査が着手されます。

　意匠権の実体審査は、意匠分類ごとにまとめて審査されるのですが、その分類ごとの審査時期を示したものが、審査着手計画です。

　これは、特許庁のホームページなどで確認することができます。

　なお、特許出願では、方式審査の後に、出願の審査請求がないと、実体審査は開始されません。これに対して、意匠出願では、出願人がとくに改めて請求をしなくても、着手計画にしたがって実体審査がスタートするのが特色だといえます。

拒絶理由がある場合

実体審査が行われた際に、①意匠の物品や形態がわかりづらく意匠が特定できない、②同一または類似の先願意匠がある、あるいは、③簡単に創作できるなど、審査官によって意匠の登録要件を満たさない事情があると判断されると、拒絶理由が出願人に通知されます。

もし、拒絶理由が通知された場合には、指定の期間内に、意見書や補正書を提出して対応します。

① 補正

拒絶理由通知に対して行う対応の1つが補正です。

これは、願書に誤りがあったり、わかりづらい部分があるときに、それを修正する作業のことです。この補正によって、誤りなく明瞭になったのであれば、はじめから正確・明瞭であったものとして取り扱われて審査が進められます。

以上のような補正の趣旨から、内容を変更するような補正までは認められていません。「補正のついでにデザインを改良しよう」というようなことは、当然認められないのです。

● 意匠権取得の流れ

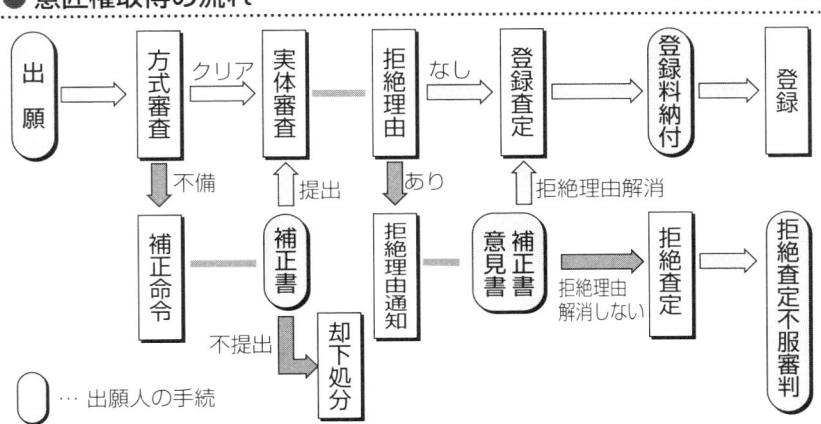

出願 → 方式審査 →(クリア)→ 実体審査 → 拒絶理由 →(なし)→ 登録査定 → 登録料納付 → 登録

方式審査 →(不備)→ 補正命令 → 補正書 → 実体審査（提出）

補正命令 →(不提出)→ 却下処分

拒絶理由 →(あり)→ 拒絶理由通知 → 意見書・補正書 →(拒絶理由解消)→ 登録査定

意見書・補正書 →(拒絶理由解消しない)→ 拒絶査定 → 拒絶査定不服審判

◯ … 出願人の手続

② 意見書の提出

補正が誤記などの修正であるのに対して、意見書の提出は、審査官が示した拒絶理由への反論です。

たとえば、新規性がないとの拒絶理由には、公表の事実がないことや、先行する意匠との違いなどを主張することになります。

「印象として似ていない」といったような主観的な意見では、受け入れられない可能性が高いので、具体的・論理的に主張することが重要です。

最終処分

実体審査が終了すると、登録査定または拒絶査定が出されます。これらを最終処分と呼びます。

意匠出願の場合、特許出願と違って、方式審査の後は自動的に実体審査に進みましたが、実体審査の結果、登録査定がなされても、「自動的に権利取得」とはなりません。権利を取得するためには所定の手続をとらなければならない点は、特許と同じです。

① 登録査定

実体審査で、拒絶理由がないと判断されたり、当初は拒絶理由があったものの、補正や意見書の提出でそれが是正されたときには、登録査定がなされます。これは、審査官の審査の結果、出願された意匠は登録されるべきものだ、という判断です。

この時点では、まだ登録されたわけではありません。登録査定が出願人に送付されますので、それが到達してから30日以内に登録料を納めなければならないのです。

登録料が納付されると、意匠権の設定登録がなされて、意匠権が与えられ、登録番号も与えられます。

さらにこの後、意匠公報に掲載されて公表されます。ただし、秘密意匠（186ページ）とする場合には、図面などの掲載は行われないこ

とになっています。

② 拒絶査定

前述①とは逆に、拒絶理由が解消されなかったときには、拒絶査定が出願人に送付されます。審査官は出願人に対し、事前に拒絶理由を通知し、出願人に意見書や補正書の提出の機会を与えますが、これらの提出がなかったり、提出されても拒絶理由が解消されないときには、「登録は拒絶するべきだ」という判断を下します。これが拒絶査定です。

ただし、意匠登録出願人は、拒絶査定に対して不服があれば、拒絶査定不服審判を請求できます。

これは、拒絶査定の謄本が送達されてから3か月以内に行う必要が

● 実体審査の流れ

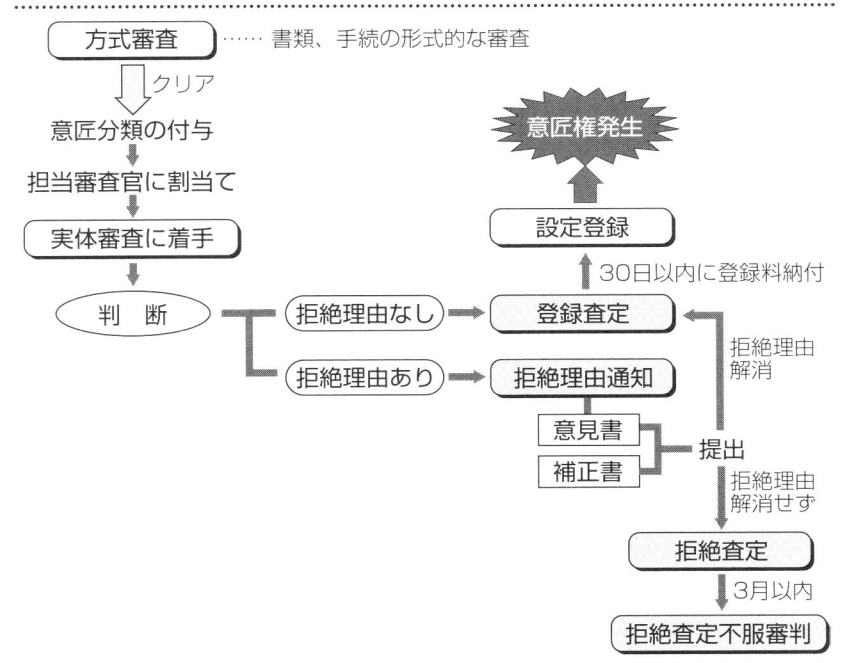

```
方式審査 …… 書類、手続の形式的な審査
    ↓ クリア
意匠分類の付与
    ↓
担当審査官に割当て
    ↓
実体審査に着手
    ↓
判 断 ─── 拒絶理由なし → 登録査定 → 設定登録 → 意匠権発生
         │                          ↑30日以内に登録料納付
         └── 拒絶理由あり → 拒絶理由通知
                              意見書  ─┐
                              補正書  ─┤提出
                                      ├→ 拒絶理由解消 → 登録査定
                                      └→ 拒絶理由解消せず → 拒絶査定
                                                              ↓3月以内
                                                          拒絶査定不服審判
```

あります。もしこの期間をすぎると、拒絶査定が確定することになり、もはや、この出願を救済して意匠権を獲得する方法は閉ざされてしまいます。

早期審査制度について

196～197ページに意匠権取得の流れについて説明しましたが、意匠権を取得する上では本項の実体審査のように、厳格で慎重な審査が行われるので、意匠権取得には時間がかかります。

しかし、場合によっては、審査に時間をかけていては不都合なため、特に審査を早める必要がある場合もあります。そこで、一定の要件を満たすときには、早期審査を実施しています。

早期審査を行うには、第一に権利化について緊急性がある場合、第二に外国関連出願である場合の２つの要件を満たす必要があります。

これが認められると、通常は半年以上かかる審査を、数か月で終えることができるようになります。

① 緊急性

「権利化について緊急性がある」とは、以下の場合を指します。

- 出願中の意匠と同一または類似する意匠を、すでに第三者が使っているか使おうとしていることが明らかなとき
- 他人から出願している意匠の実施に対して、警告されているとき
- 出願意匠の実施許諾を他人から求められているとき

② 外国関連出願

外国関連出願とは、出願意匠について、日本国特許庁以外にも意匠登録出願をしている場合です。

早期審査の手数料は無料ですが、「早期審査に関する事情説明書」を提出する必要があります。

8 意匠権を取得するとどうなるのか

意匠権は独占・排他的な強大な権利

■ 意匠権の効力

　意匠権を与えられた意匠権者は、そのデザインによる製品の製造、販売、輸入などを独占的に行うことができます。他人が無断でそのデザインを利用した製品を製造、販売、輸入することを禁止できるのです。これらは、同じデザインの他、類似のデザインにも及びます。このように類似したものにも独占的な権利を認めるのが、意匠権の特徴です。

　また、実施するデザインの一部が他人の意匠権の対象になっているときは、その人から実施許諾を得なければなりません。たとえば、携帯電話全体のデザインに意匠権をもっていても、そこで利用しているボタンのデザインが他人の意匠権の対象になっているような場合です。

　意匠法は、デザインの考案者が独占的にそのデザインを使用できる権利として、意匠権を定めています。また、意匠法は、意匠権が侵害された場合に意匠権者がとれる方法についても定めています。具体的には、差止請求、不当利得返還請求（法律上正当な理由がないのに不当な利得を得ている者に対して利得の返還を求める請求のこと）や損害賠償請求、さらには刑事処罰を求めることもできます。ただし、秘密意匠の場合には、特許庁長官の証明を受けた書面を提示して警告を行った後でなければ差止請求権を行使することができないので、注意してください。これは、秘密意匠は内容が公開されないので、第三者に不当な損害が生じないようにするためです。

　なお、たまたま一致または類似の内容の芸術作品が発表されても、一方の作品をもとにして他方の作品が作られたものでなければ、著作

権法上、差止や損害賠償の請求はできません。一方で意匠権の場合は、同一または類似のデザインがあった場合、意匠法上、先に出願して意匠権を取得した人が保護され、相手に対して差止や損害賠償などの請求ができます。

■意匠権の実施契約、譲渡など

意匠権は、独占排他的な実施の権利が与えられたり、差止めや損害賠償などの請求を認めるだけでなく、財産としての側面をもっています。財産ですから、他人に貸与したり譲渡することもできます。

たとえば、自分が意匠権を取得しているデザインを他人に実施させる代わりに、実施料などを得ることができるのです。このように、意匠権を上手に利用すると、経済的な収益を得ることができます。

実施権を与えるときには、意匠登録原簿に設定の登録をします。なお、実施権は、実施権を与えられた人だけが独占排他的に実施でき、実施権を与えた意匠権者ですら実施できないとする専用実施権と、意匠権者なども実施が可能な通常実施権に区分されます。

■意匠権の寿命

意匠権には、前述のように強い権利が与えられています。だからこそ、労力を費やして意匠を創作した人を保護し、その意欲を高める効果があります。しかし、永久にこのような権利を認めると、産業全体の発展の妨げにもなります。そこで、意匠権は、設定登録の日から20年で消滅することになっています。この権利の存続期間の起算点は、特許では出願日ですが、意匠権の場合は登録の日なので、この違いには注意が必要です。

9 出願中にコピー商品が出回った場合どう対処すればよいのか

登録されなければ意匠権は生じない

■ 早期審査制度を利用する方法がある

　たとえば、審査の段階で登録査定となっていない、意匠登録出願中の新製品のデザインに酷似した商品があらわれたような場合を考えて見ましょう。このような場合に、このまま登録を待っているのでは手遅れになる可能性があります。

　そもそも意匠権は、出願しただけでは発生しません。審査を経て、登録される必要があります。出願中で登録前というこの事例では、まだ意匠権に基づいて、差止めや損害賠償の請求をすることは、残念ながらできません。その上、登録までは相当な期間が必要なので、手遅れになることも考えられます。

　最初に説明したような状況でコピー商品が出てしまった場合には、緊急性があるので、「早期審査制度」の利用により、審査期間の短縮が可能です。この制度を利用するためには、出願人や、出願人から意匠の製造、使用、譲渡、販売など（「意匠の実施」といいます）の許諾を受けた人が、すでに意匠を実施しているか、または、実施の準備を相当程度進めていることが必要です。そして、第三者が許諾もないのに出願中の意匠の実施または実施の準備をしていることが明らかでなければなりません。

　利用するための手続は、「早期審査に関する事情説明書」を提出し、出願人等の実施状況の説明、緊急性を要する状況の説明などを記載する必要がありますが、手数料は無料です。また、出願人などが意匠の実施をしているか意匠の実施の準備を進めていること、第三者が許諾を受けていないのに意匠の実施や実施の準備を進めていることを示す

客観的な資料も提出する必要があります。

　なお、早期審査はこの他にも、第三者からその出願の意匠の実施について警告を受けたときや、第三者から実施許諾をするように求められている場合なども利用できます。

■ 不正競争防止法を利用する

　商品を表示している物などを無断で模倣された場合は、一定の要件の下で、不正競争防止法による保護もあるので、対応策として検討する必要があります。

　商品を表示するものとして消費者の間で広く認識されているものを、無関係な人間が用いて商品の販売などを行った場合には、不正競争防止法に基づき、販売の差止めや損害賠償を求めることができます。商品の表示が完全に一致していなくとも、類似した表示を用いた場合であっても、不正競争防止法が適用されます。

　また、商品の特徴・形態・機能を模倣した場合にも不正競争防止法が適用されます。ただし、その商品が通常有する形態が同じになったにすぎない場合には不正競争防止法違反とはなりません。

　たとえば、時計には長針と短針がありますが、この点について他人の製品と同じになったとしても、長針と短針があることは時計が通常有する形態ですので、他人の製品を模倣したことにはならず、不正競争防止法違反にはなりません。しかし、時計のデザインについては、製作者ごとに異なるものを制作できますので、他の者が販売している時計と同じデザインを用いた時計を製造・販売した場合には、不正競争防止法違反となります。この場合も、商品を模倣された者は、商品を模倣した者に対して、差止請求や損害賠償請求が可能です。

第 6 章

その他こんなことを
知っておこう

1 どんなものが著作権で保護されるのか

言語、音楽、建築など、著作物の種類は多岐にわたる

■ 著作物は登録されていないケースが多い

　経済的な価値の高いコンテンツであればあるほど、何らかの知的財産に該当する可能性は高いといえます。コンテンツがいずれかの知的財産に該当する場合、それを積極的に利用したい者は、その権利者から許諾を得なければなりません。権利者から許諾を得るためには、当然のことながら、権利者が誰であるのかを確定する必要があります。

　特許や商標の場合には、権利者の確定は比較的簡単です。これらの権利は登録しないと発生しないため、特許庁に特許権者・商標権者として登録されているからです。

　これに対して、著作物の場合は、登録しなくても権利が発生するため、登録されていないことが多く、特定が困難です。複数の者に著作権が帰属していたり、著作権以外に著作隣接権が発生しているケースも多々あります。そのような場合には、権利者をすべて特定したうえで、全員の許諾を得ておかなければなりません。

　ただ、一定の条件を満たす著作権について、これを登録することができる制度があります（著作権登録制度）。著作権の登録は、プログラムの著作物は（財）ソフトウェア情報センターに、それ以外の著作物は文化庁に、それぞれ申請書を提出して行います。

■ 著作権の保護期間

　著作権は、保護期間が過ぎると消滅します。日本の著作権法では、著作権の保護期間を原則として著作者の死後50年までとしています。著作権消滅後は、その著作物は社会全体の共有財産となります。

著作物の種類にもいろいろある

　著作権法では、保護の対象となる著作物の種類について、具体的に列挙しています。ここでは、その種類について概観してみます。

① 言語の著作物

　思想または感情が言語によって表現されているものをいいます。小説、詩、論文などジャンルは多様です。

② 音楽の著作物

　思想または感情が、旋律（メロディ）あるいは音によって表現されているものです。歌謡曲などは、旋律と歌詞が別の作者によって創作されていることがよくありますが、その場合は、旋律と歌詞がそれぞれ別の著作物となり、個別に著作権が認められます。

③ 舞踏の著作物

　思想または感情が、振付によって表現されているものです。

　ミュージカルや歌手のバックダンスなどは、振付師がその振付を創作しています。この場合、たとえBGMがなくても、その振付を公開することは、振付師の著作権を侵害することになります。

④ 美術の著作物

　思想または感情が、線・色彩・明暗によって、平面または立体的に表現されているものです。絵画、彫刻、漫画などがこれにあたります。

⑤ 建築の著作物

　思想または感情が、土地の工作物によって表現されているものです。土地の工作物かどうかは、土地との密着性の程度などによって判断されます。ただ、建築物の場合には、他の種類の著作物とは異なる問題点もあります。建築物の場合には、最先端の技術を使用していることが多いといえます。そうなると、別の知的財産権である特許権や実用新案権が含まれていることもあります。また、デザインが斬新であると、意匠権が発生しているケースもあります。そのため、建築物には著作権と特許権、実用新案権、意匠権が並存している可能性があるの

です。設計図から複製建築物を建築したりすると、著作権だけではなくこれらの知的財産権の侵害となってしまいます。

⑥　地図または図形の著作物

地図、図形、表、グラフなど、平面あるいは立体によって表されたものです。立体とは、地球儀、月球儀などが該当します。

⑦　映画の著作物

思想または感情が、連続する映像によって表現されているものです。映像にはストーリー性が必要です。ストーリー性がなければ、ここにいう映画には該当しません。

⑧　写真の著作物

思想または感情が、一定の映像によって表現されているものです。

⑨　プログラムの著作物

思想または感情が、電子計算機を機能させるための指令の組み合わせによって表現されているものです。近年のコンピュータの普及にともない、著作物として認められるようになりました。

デザインを作成する上でも注意が必要である

たとえば、他社の製品を参考にして画面デザインを作成したような場合、著作権侵害が問題となるようなことはあるのでしょうか。

著作権侵害にあたるかどうかを検討する際には、まずその画面の構成上、個性のある部分の有無を判断します。たとえば、その画面デザインがありふれたものである場合には、個性のある部分とは判断されません。個性のある部分がある場合には、その部分について、問題とされている画面デザインが類似しているかどうかを判断することになります。

仮にその部分が類似していると判断できたとしても、最終的にはその部分が表現物にあたるのかどうかを判断します。実際に他社のソフトウェアの画面デザインに似ている画面デザインを採用した会社が訴

えられた例で、判例は、以上のステップを踏んで、著作権侵害にあたるかどうかを検討しています。

したがって、仮に画面デザインがありふれたものではなく個性のあるものだと判断され、その部分に類似する部分を持つ画面デザインがあったとしても、最終的に元の画面デザインが表現物と認められなければ著作権法上の保護が受けられないという点では、プログラムやUML図の場合と同様です。表現物と判断されないような状況の場合には、特許申請など他の方法によって権利を守ることができないか、検討した方がよいでしょう。

■デザインの制作を依頼するときの注意点

ロゴやマークのデザインについては、自社で制作するのではなく、デザインの制作を専門的に行っている会社に作成を依頼することもあります。そのような場合には、契約書（次ページ）に業務内容、報酬、納期などを定めることになります。特に、重要なのが知的財産権の帰属について明記することです（次ページ、第5条参照）。また、制作側が、デザインの盗用、不正使用などをしないことも契約内容に記載しておきましょう。

● 著作物の種類

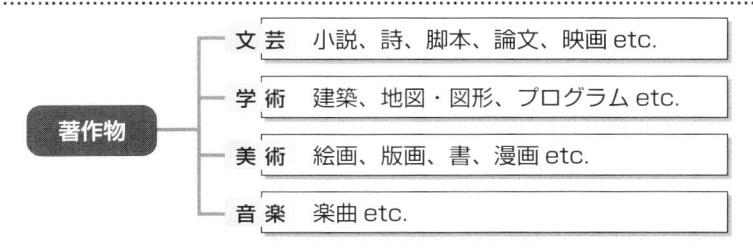

著作物
- 文芸　小説、詩、脚本、論文、映画 etc.
- 学術　建築、地図・図形、プログラム etc.
- 美術　絵画、版画、書、漫画 etc.
- 音楽　楽曲 etc.

書式　デザイン制作契約書

デザイン制作契約書

　○○○○（以下「甲」という）が××××（以下「乙」という）に対して、デザインの制作を委託するために本契約を締結する。

第1条（契約の目的）　甲が乙に対して、○○○におけるイベントにおいて使用するデザインの制作を委託することを目的として、本契約を締結する。

第2条（デザインの内容）　乙が制作するデザインの内容は下記の通りとする。

記

デザインの趣旨	○○○のイベントで用いる、「若者」を連想させるデザインとする
デザインの数	キャラクターなど計3点とする

第3条（報酬）　甲は、乙に対して、デザイン制作の委託料として金○○○円を支払う。
2　甲は、○月○日までに、乙の指定する銀行口座に前項に規定する金額を振り込むものとする。

第4条（納入時期・納入方法）　乙は、○月○日までに、本件デザインを甲に納入するものとする。
2　デザインの納入は、CD‐ROMなど何らかの電磁的記録媒体を用いて行う。

第5条（知的財産権）　乙が制作し甲に納入するデザインは、第三者の知的財産権を侵害するものではないことを、乙は保証する。

2　本件デザインの知的財産権は、乙から甲に納入された後は、甲に帰属する。
第6条（再委託）　乙は、甲の承諾がなければ、本契約で定める業務を第三者に委託することができないものとする。
第7条（損害賠償）　甲及び乙は、本契約に違反して相手方に損害を与えた場合には、その損害を賠償する責任を負う。
第8条（合意管轄）　本契約条項の法律関係に紛争が生じた場合は、甲の住所地を管轄する地方裁判所を第一審裁判所とする。
第9条（協議）　本契約に定めのない事項につき、甲乙双方は協議してこれを決定する。

平成〇〇年〇月〇日

　　　　　　　　甲　　　埼玉県〇〇市〇〇町〇丁目〇番〇号
　　　　　　　　　　　　　〇〇〇〇　　　　　　　　　印

　　　　　　　　乙　　　神奈川県〇〇市〇〇町〇丁目〇番〇号
　　　　　　　　　　　　　××××　　　　　　　　　印

2 キャッチフレーズやスローガンは著作物といえるのか

独創的な内容であるかどうかによって判断は分かれる

CASE
「元気な企業」「輝く太陽」などのキャッチフレーズや、「ストップ・ザ・温暖化」といったスローガンも著作物として著作権法の保護の対象になるのでしょうか。

アドバイス

　キャッチフレーズとは、その会社や商品などのイメージを短い言葉で表現したものです。

　キャッチフレーズは原則として著作物にあたらないと考えられます。たとえば、「元気な企業」「輝く太陽」などのキャッチフレーズは、ありふれた単語を並べているだけなので著作物とはいえないでしょう。

　ただし、キャッチフレーズなら著作物と判断されることはないとはいえず、キャッチフレーズに創作性、つまり作者の個性が認められれば、著作権法にいう「思想又は感情を創作的に表現したもの」に該当し著作物として扱われる可能性があるといえるでしょう。

　スローガンとは、企業や団体などが行っている事業や活動、運動といったことの目的や理念を、簡潔な言葉を使って表現しようとするものです。たとえば環境保全運動のスローガン「ストップ・ザ・温暖化」や交通安全運動の標語などといったものがこれにあたります。

　スローガンは平易な言葉で理念や目的を伝えようとすることから、だれもが考えつくありふれた表現と判断されて著作物として扱われないこともありますが、たとえ短くても独自の表現であると認められれば著作物として扱われます。

3 不正競争防止法で保護される場合もある

個別の法律が保護しきれない知的財産も保護する不正競争防止法

■不正競争防止法の目的

　知的財産はさまざまな法律で保護されています。ただ、中には該当する各法律で定めている要件にあてはまらず、その法律の保護を受けられないものもあります。たとえば、商標は登録すれば商標法の保護を受けますが、登録していなければ保護されません。企業が長年使ってきた結果、世間にもよく知られた商標が登録されていないような場合です。この場合、その企業と無関係の第三者がこれと同じ商標を使って商売を始めたとしても、その企業は商標法の保護を受けることはできないのです。**不正競争防止法**は、このような場合でも、保護できるように作られています。

■不正競争行為とは

　前述した例の場合、マネをした第三者の行為は不正競争行為にあたります。商標の所有者は、不正競争行為の差止請求を行うことができます。また、損害が生じている場合には、損害賠償を請求することもできます。さらに、不正な利益を得るなどの一定の悪質な不正競争行為については、刑事罰も定められています。不正競争行為は、具体的には次のような行為に分けられます。

① 周知表示混同惹起行為

　需要者の間に広く知られている他人の商品などの表示（商標や商号など）と同一・類似のものを使用した結果、その他人の表示と混同してしまう原因となる行為です。

② 著名表示冒用行為

他人の著名な商品などの表示と同一・類似の表示を自分の商品などの表示として使用する行為のことです。

③ **商品形態模倣行為**

他人の商品の形態をマネした商品を売ったりする行為です。

④ **営業秘密に関する不正行為**

他人の営業秘密を盗んだり、適法に取得した営業秘密を不正な利益を得る目的で使用、開示するなどの行為です。

⑤ **ドメイン名の不正取得行為**

不正な利益を得る目的で、他人の商品などに使う表示と同一・類似のドメイン名を登録したり、それを保有、使用する行為などです。

⑥ **信用毀損行為**

競争関係にある他人の営業上の信用を毀損するニセの事実を知らせたり、広めたりする行為です。

その他にも、商品や役務の原産地や品質などについて誤認させるような表示をする行為などがあります。

● **不正競争防止法の目的と規制範囲**

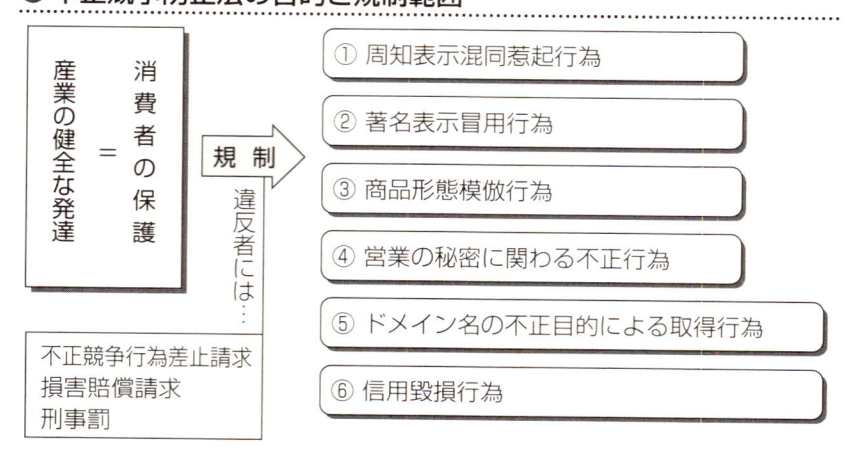

産業の健全な発達 = 消費者の保護 → 規制 →
① 周知表示混同惹起行為
② 著名表示冒用行為
③ 商品形態模倣行為
④ 営業の秘密に関わる不正行為
⑤ ドメイン名の不正目的による取得行為
⑥ 信用毀損行為

違反者には…
不正競争行為差止請求
損害賠償請求
刑事罰

4 ドメインのしくみを理解しよう

不正使用する目的でドメインを取得してはいけない

■ドメインとは何か

　ドメインは、インターネット上に存在しているデータの住所のようなもので、アルファベットと記号で表現されます。たとえば、閲覧したいホームページのＵＲＬを入力すれば、目的のページにアクセスすることができます。

　日本でドメインを使用する場合、原則として「jp」ドメインを使うことになります（「com」などの海外のドメインを管轄している国の機関に申請してとることもできます）。日本の「jp」ドメインの登録管理業務は、株式会社日本レジストリサービス（JPRS）が行っています。

■ドメインと法律の注意点

　ドメインには、会社や学校をはじめとする団体が、その団体名を使用するのが通常です。

　「jp」ドメインを使うには、指定事業者に申請して登録する必要があります。ドメインは住所のようなものですから、同じものは登録できず、早い者勝ちとなっています。ただ、企業名の部分のドメインが同じでも、「co」や「ac」などの組織属性の部分が違えば、同一ドメインではないので、登録される可能性はあります。

　もっとも、申請されたドメインの運用目的が組織属性と合わない場合には、登録されません。

　また、指定事業者などでは、ドメインを登録することの違法性までは調査していません。そのため、ドメインを申請する前には、登録が

違法でないか、調べる必要があります。登録商標と同じドメインを他者が取得する場合（商標法）、すでに存在する他社の商号と同じドメインを取得する場合（会社法）、ドメイン名を不正に取得する場合（不正競争防止法）などに注意しなければなりません。

最近、他社の商号や商標との関係で紛争が多発したため、日本知的財産権仲裁センター（http://www.jp-adr.gr.jp/）が設置され、ドメイン名についての紛争は、同センターで仲裁されるようになりました。

商号や登録商標とドメイン取得の関係

ドメインは、すでに存在するドメイン名と組織属性まで全く同じ場合には、取得することができません。商号と商標も原則として、他社の商号や登録商標の取得はできません。

商号は、会社や個人事業主などが営業をするために自分を示すものとして表示する名前で、通常の企業名がこれにあたります。商号は、音に出して読めるものでなければ登録できません。このほか、すでに登記されている商号と同じ商号で、会社の本店事務所が同じ所在場所であるときには、登記できません。そのため、所在場所が違う場合には、同一か類似の商号が登記されていたとしても、それを理由に商号の登記が受けれられないわけではありません（ただ、不正競争防止法などにより損害賠償を請求される恐れはあります）。

他方、商標の場合、全国に同じ商標は1つしか登録が認められませんし、類似している商標も認められません。ただ、商標は、商品とサービスの種類によって細かい分類がなされています。商標を申請する場合には、同一あるいは類似した商標がすでにある場合でも、区分が異なれば、これを理由として登録を拒絶されることはありません。商標は音読できない記号なども登録できます。商標が登録されると（特許庁に申請します）、商標権が発生し、他者が同一か類似した商標を使った場合には差止請求や損害賠償請求ができます。

以上のように、商号と商標は異なるものですが、ドメインを取得する場合には、これらの名称とのかかわりも考慮しなければなりません。
　商標は、商品やサービスなどが異なるもの同士が同じ商標を使っても、問題は生じません。ただ、商業的な目標でドメインを取得する場合には、組織属性がすべて「co」となってしまうため、他業種であった企業同士が同じドメインを取得したいという場面が多く出てくるのです。このような場合、ドメインは先に申請したほうの登録を認めるのが原則です。
　なお、ドメインの取得を自社で行うのではなく、他社に依頼する場合には、契約書（221ページ）を作成し、業務内容や報酬について規定します。特に、依頼側が希望したドメインを受託側が取得できなかったときの責任の所在について明記しておきましょう（222ページ、第8条）。

■ドメイン名の使用が制限される場合

　商号や商標は所在場所や区分が違えば、同じでも、併存することはできます。そのため、すでに商標登録してある他社の商標をドメインに使ったとしても、それだけで違法行為を行っているとはいえません。
　ただ、他社の登録商標や登記ずみの商号を不正の目的でドメイン登録した場合には、違法となります。たとえば、登録商標を不正の目的で使用した場合には、差止請求や損害賠償請求される場合があります。
　また、不正競争防止法によると、ドメインが既存の会社と同一である場合だけでなく、似たものである場合にも、規制対象となります。ドメインを使う者が、登録商標をもつ企業の区分と異なる分野で使用する場合でも、罰せられます。ドメインを取得しただけ、あるいは保有しているだけで、未使用の状態であっても、規制対象となります。
　ドメインの不正使用の目的で不正競争防止法に違反した場合、差止請求や損害賠償請求を受ける場合があります。

分野別トップレベルドメインが自由化された

インターネットのアドレスについて、末尾部分の「.com」「.biz」といった項目のことを分野別トップレベルドメインといいます。かつては、分野別トップレベルドメインは一定のものに限定されていたのですが、国際団体「ICANN」（The Internet Corporation for Assigned Names and Numbers）に申請し、審査を経たものについては、地名、企業名などを分野別トップレベルドメインとして登録することができます。審査上問題がなければ、英語以外の漢字やひらがなを使用することも可能です。

地名、企業名などの文字列をドメインとすることで、企業の広告・宣伝や、新たな事業展開のために活用されることが期待されています。

申請は、平成24年1月12日から5月30日までの期間に行われ、総務省のホームページ（http://www.soumu.go.jp/menu_news/s-news/01kiban04_02000038.html）から、申請の結果や状況を見ることができます。

● ドメインのしくみ

http://www.xyz.co.jp/
　①　　　②　③　④　⑤

- ①http … データの転送方式（Hyper Text Transfer Protocol）
- ②www … 世界中に張りめぐらされたリンク網（World Wide Web）
- ③xyz … この部分に企業名、名前、商品名などを登録することが多い
- ④co … 組織属性を表す
  co（会社）、ac（教育機関）、ne（ネットワーク事業者）、gr（任意団体）
- ⑤jp … 国名や地域名を表す
  jp（日本）、us（アメリカ）、uk（イギリス）、ch（中国）、kr（韓国）

書式　ドメイン新規取得・契約代行契約書

ドメイン新規取得・契約代行契約書

　○○○○（以下「甲」という）が、××××（以下「乙」という）に代行してドメインを取得する権限を与えるために、本契約を締結する。

第1条（契約の目的）　本契約は、甲が、甲に代行してドメインを取得する権限を乙に与えるために締結する。

第2条（業務）　乙は、甲のために、甲が希望するドメインの取得に関して必要な契約を代行する。

2　甲が希望するドメインが既に取得されていた場合、乙は改めて甲に対して希望するドメインを通知する。

第3条（報酬）　甲が乙に支払う報酬は、金○○○円とする。ただし、甲は乙に対して、ドメインの利用に必要な費用については、報酬とは別に支払うものとする。

2　ドメインに関する契約を締結した場合、乙は甲に対してその旨を通知し、その通知を受けた日から1週間以内に、甲は乙に対して報酬を支払うものとする。

第4条（ドメインの所有権）　乙が甲のために代行して取得したドメインの所有権は、第3条の報酬の支払いが完了した時点で、甲に帰属する。

第5条（秘密情報）　甲及び乙は、相手方から提示された技術上または営業上の情報のうち、秘密情報として指定を受けた情報については、その情報を第三者に漏洩してはならない。

第6条（個人情報）　甲及び乙は、本契約に関連して個人情報保護法に定める個人情報を相手方から入手した場合には、その情報を第三者に漏洩してはならない。

第7条（秘密情報・個人情報に関する規定の効力）　第5条、第

6 条の規定は、本契約が終了した後も存続する。

第 8 条（免責） 乙は、甲の希望するドメインが既に他の者により取得されており、甲の希望するドメインを取得できない場合であっても、それに関して一切の責任を負わない。

第 9 条（再委託） 乙は、甲の承諾がなければ、本契約で定める業務を第三者に委託することができないものとする。

第10条（損害賠償） 甲及び乙は、本契約に違反して相手方に損害を与えた場合には、その損害の賠償する責任を負う。

第11条（合意管轄） 本契約条項の法律関係に紛争が生じた場合は、甲の住所地を管轄する地方裁判所を第一審裁判所とする。

第12条（協議） 本契約に定めのない事項につき、甲乙双方は協議してこれを決定する。

平成○○年○月○日

　　　　　　　甲　　　埼玉県○○市○○町○丁目○番○号
　　　　　　　　　　　　○○○○　　　　　　　　　印

　　　　　　　乙　　　神奈川県○○市○○町○丁目○番○号
　　　　　　　　　　　　××××　　　　　　　　　印

5 ドメインについての不正競争防止法の規制はどんなものなのか

有名な会社や商品の名前をドメイン名にしてはいけない

■ 周知表示や著名表示の使用は不正競争防止法で規制している

　ドメイン名を取得するにあたっては、不正競争防止法の規制に注意する必要があります。不正競争防止法では、おもに次のような表示の使用は不正競争行為に該当し、ペナルティを課されます。

① 取引相手などに広く知れわたっている商品または営業の表示（周知表示）と同一か、類似した表示を使用すること

　ただし、そのような表示の使用が他人の商品や営業と混同を生じるか、または生じるおそれがある場合に限って不正競争行為になります。ちなみに「商品または営業の表示」とは、商号、商標、標章、商品の容器・包装など商品または営業を表示するものを指します。

② 他人の商品や営業を示す表示で、全国的に有名なもの（著名表示）を表示として使用すること

　一地方で知られた表示であれば周知表示になりますが、著名表示は世間一般に広く知られた表示であることが必要です。また、著名表示の使用については、他人の商品や営業との混同がなくても、不正競争行為になります。

　不正競争行為により営業上の利益や信用を侵害された場合は、表示の使用停止（差止め）の請求、損害賠償請求などが可能です。

■ ドメインの取得や使用が不正の目的と認められる場合とは

　有名でない会社名、商品名であれば、自由にドメイン名に使用できるというわけではありません。周知表示と著名表示があるかどうかにかかわらず、不正な目的でドメイン名の取得などが認められると不正

競争行為とされます。

　具体的には、不当な目的で、他人の特定商品等の表示と同一または類似したドメイン名を取得、保有、使用することが禁止されます。ここでいう「特定商品等の表示」とは、人の氏名、商号、商標、標章その他、商品やサービスを表示するものをいいます。弁当、酒、醤油などの普通名称にすぎないものは、対象になりません。「不当な目的」という主観的な要件を満たさないと不正競争行為にならない点がポイントです。

　不当な目的とは、不正の利益を得る意図や、他人に損害を与える意図をいいます。不正な利益を得る意図は、たとえば、企業が長年築き上げてきた知名度や信頼を利用し、自らの事業を有利に展開しようとすることです。

　また、取得したドメインを商標の使用者などに高く売りつけて利益を上げる意図も不正な利益を得る意図にあたります。

　一方、他人に損害を与える意図とは、信用を失墜させるなどの損害を与える狙いをいいます。たとえば、有名な事業者の商標と類似するドメインを使って、ポルノサイトを開設すれば、他人に損害を与える意図があると評価されます。

■他人の特定商品の表示と同一か類似している場合とは

　ここでは「他人の特定商品等の表示と同一か類似している」と判断されたケースを紹介します。

　たとえば、割賦購入あっせんを手がける㈱ジャックス（JACCS）とドメイン名「jaccs」の同一性・類似性が争われた事案です。富山地裁平成12年12月6日判決は同一性・類似性ありと判断しています。この事案では、大文字と小文字の違いは、あまり意味を持たないと判断されました。ドメイン名は、ほとんど小文字のアルファベットで構成されているというのがその理由です。なお、経済産業省のホーム

ページには、これまで同一性、類似性が認められた裁判例などが掲載されていますので、参考にしてください。

第三者から使用許諾を受けた場合も問題になる場合もある

不当な目的で、他人の特定商品等の表示と同一または類似するドメイン名を取得、保有、使用することは禁止されています。Webサイトの開設などに使用するだけではなく、ドメイン名を取得、保有することも禁止されている点に注意が必要です。

なお、ドメイン名の「取得」とは、次の①～③をいいます。

① ドメイン名登録機関に申請してドメイン名の使用権を得ること
② 第三者からドメイン名の使用権を譲り受けること
③ 第三者からドメイン名の使用許諾を得ること

使用許諾を得る行為も「取得」とされる点に注意が必要です。

事前調査をしっかりして商標の登録をしておく

ドメイン名を取得する際は、次の2点を意識して、不正競争行為にあたらないようにします。

① **他人の有名な商品名、サービス名、会社名と同じか類似した文字列をドメイン名にしないようにしっかり調査する**

有名な会社名などをドメイン名にすると不正競争行為と認められる可能性が高くなるので、ドメイン名にすることは避けましょう。

② **自分が使用することに合理的な根拠があるドメイン名を選ぶ**

たとえば、自分の氏名、会社名、商品名などであれば、合理的な根拠があると考えられます。またそのようなドメイン名なら、不正利用を疑われて裁判になっても、「不当な目的がない」と認められやすくなります。反対に、たとえば、他人が、自分のネットショップの名称をドメイン名に不正使用するのを防ぐ必要もあります。そのためには、ネットショップの名称を商標登録しておくとよいでしょう。そうすれ

ばドメイン名をめぐって争いが起こっても、ネットショップの名称が保護されやすくなります。

■ 法的紛争になった場合にはどうなる

ドメイン名の不正使用等によって権利を侵害された人は、損害賠償や差止めを求めて、訴訟を提起できます。ただし、裁判は判決が出るまでに時間がかかるのが一般的で迅速な解決は期待できません。また、裁判では、不正利用されているドメイン名の名義を自分に移すように請求しても、請求が認められる可能性は低いといえます。不正競争防止法ではドメイン名の「移転」について明文の規定がないからです。

■ 裁判外での解決方法もある

ドメイン名をめぐる紛争については、民間の紛争処理機関の利用が有効です。JPドメイン名の紛争だと日本知的財産仲裁センター、一般ドメインの紛争では世界知的所有権機関仲裁センターなどが利用できます。

仲裁センターでは、紛争処理方針に従い、弁護士など指定されたパネリストが審理を行い、裁定を下します。裁定結果に当事者が納得すれば、それで事件が解決でき、裁判をする必要がなくなります。

仲裁センターを利用するメリットは、裁判と比較して短期間で裁定が下ることです。申立から原則55営業日以内という短期間で裁定が出ます。

ただし、仲裁センターでは、ドメイン名の使用差止や損害賠償の請求はできません。JPドメイン名の登録の移転または取消しを請求できるだけです。また、当事者が裁定に不服だと、裁判で決着をつけることになります。

6 ドメイン名を譲り受けたいときにはどうすればよいのか

不正目的で取得した場合には、不正競争防止法に規制がある

■商標権を侵害していなければ違法ではない

　ドメイン名は、インターネット上の住所のようなものです。インターネットに接続されているコンピュータには数字で示されるIPアドレスが付与されますが、わかりづらいので、覚えやすい英数字のドメイン名で管理されています。このドメイン名は登録機関に申請して使用します。世界中に2つ存在しえないので、早い者勝ちです。

　ただし、先にドメインを取得したものから、ドメインを譲り受けることもできます。ドメインを譲り受けるときにはドメイン譲渡契約書（次ページ）を作成し、代金や譲渡方法について定めます。

　ドメイン名については、取得が早い者勝ちとなってしまうため、有名企業の名前などを先に取得して、高値で売りつける不正が多発しました。しかし、他の企業の商号や商標と同じドメイン名でも、取得しただけでは商法・会社法や商標法違反にもなりません。不当目的で取得した場合に限って、不正競争防止法で規制されています（著名な営業表示の場合、一定の要件を満たせば、不正競争行為として規制されるおそれがあります）。

　また、仮に別な会社が商標登録しても、ドメイン名とそのウェブサイトの内容によって商標権を侵害していなければ、このドメイン名を保有していること自体は商標法上違法ではありません。ドメイン名をめぐる紛争については、裁判手続きだけではなく、「日本知的財産仲裁センター　JPドメイン名紛争処理」「世界知的所有権機関」といった登録機関による仲裁手続きが用意されています。ウェブサイトには、紛争処理の指針なども公表されていますから、参照するとよいでしょう。

書式　ドメイン譲渡契約書

ドメイン譲渡契約書

　〇〇〇〇（以下「甲」という）が、××××（以下「乙」という）にドメインを譲渡するために、本契約を締結する。

第1条（契約の目的）　甲が乙に、第2条で定めるドメインを譲渡することを目的として、本契約を締結する。

第2条（ドメインの譲渡）　甲は乙に対し、下記のドメインを譲渡する。

記

　ドメイン　　　　　　http://www.〇〇〇〇.com
　ドメインＩＤ　　　　××××
　ドメイン期限　　　　西暦〇〇〇〇年〇月〇日

第3条（代金の支払）　本件ドメインを譲り受ける対価として、乙は甲に金〇〇〇円を支払う。
2　乙は、〇月〇日までに、甲の指定する銀行口座に前項に規定する代金を振り込むものとする。

第4条（譲渡方法）　甲と乙は、〇月〇日に、共同してドメイン譲渡のための手続を行うものとする。

第5条（ドメインの変更の禁止）　甲は、乙の承諾がなければ、本契約締結後に本件ドメインに変更を加えてはならない。

第6条（秘密情報）　甲及び乙は、相手方から提示された技術上または営業上の情報のうち、秘密情報として指定を受けた情報については、その情報を第三者に漏洩してはならない。

第7条（個人情報）　甲及び乙は、本契約に関連して個人情報保護法に定める個人情報を相手方から入手した場合には、その情報を第三者に漏洩してはならない。

第8条(秘密情報・個人情報に関する規定の効力) 第6条、第7条の規定は、本契約が終了した後も存続する。

第9条(損害賠償) 甲及び乙は、本契約に違反して相手方に損害を与えた場合には、その損害を賠償するものとする。

第10条(合意管轄) 本契約条項の法律関係に紛争が生じた場合は、甲の住所地を管轄する地方裁判所を第一審裁判所とする。

第11条(協議) 本契約に定めのない事項につき、甲乙双方は協議してこれを決定する。

平成○○年○月○日

　　　　　　　　甲　　埼玉県○○市○○町○丁目○番○号
　　　　　　　　　　　　　　○○○○　　　　　　　印

　　　　　　　　乙　　神奈川県○○市○○町○丁目○番○号
　　　　　　　　　　　　　　××××　　　　　　　印

7 商品やサービスの不当表示を規制する法律がある

景表法は、不当な表示を禁止している

■ 不当な表示とは

　不当景品類及び不当表示防止法（景表法）は、不当な表示を禁止しています。不当表示を行った違反業者に対して、消費者庁は、再発防止策の実施、今後同様の行為を行わないことなどを命じる措置命令を出します。また、違反には至らなくても、違反のおそれがある行為とみられると警告が出されます。措置命令や警告などを受ければ、顧客からの信用を失い、事業に悪影響が出るのは必至です。

　景表法が禁止する不当な表示は3つあります。1つ目は、優良誤認表示です。商品・サービスの品質や内容を、現実よりも著しく優れているとウソの宣伝をすることをいいます。競合他社の商品・サービスと比較して、根拠もなく「優れている」とウソをつく場合も含みます。2つ目は、有利誤認表示です。商品やサービスの取引条件に関して、現実よりも著しく有利であるとウソの宣伝をすることをいいます。競合他社の取引条件と比較して、有利であると偽る場合も含みます。3つ目は、内閣総理大臣が指定する表示です。

■ 優良誤認表示にあたる例とは

　景表法の優良誤認表示の例としては、まず明らかに事実とは異なる表示が挙げられます。たとえば、認可がないのに「厚生省認可」と表示する場合です。また、古いタイプのコンピュータウイルスにしか対応できないのに「最新のウイルスにも対応」と表示する場合もそうです。

　また、十分な根拠もなく、商品・サービスの効能・効果を強調する

表示も優良誤認表示になります。たとえば、ダイエット食品について、あたかも学問的な裏付けがあるように宣伝する場合です。

■ どうすれば優良誤認表示を行わないですむのか

意図して行った場合だけではなく、不注意でウソの表示をしてしまった場合も、優良誤認表示を行ったことになるので注意しましょう。

優良誤認表示を防止するためには、次の3つの点に気をつける必要があります。

① 商品説明、宣伝の記載について

商品やサービスの内容は、客観的事実に基づいて、正確かつわかりやすく記載します。また、商品やサービスの効能・効果を宣伝する場合には、根拠となる実験データなどを明示します。さらに実験データや利用者の体験談などを記載する場合には、どのような条件下での実験、体験なのかを明示します。

② ハイパーリンク先に重要事項を表示する際の注意点

商品の広告などをインターネット上で行う場合、商品選択を行う上で重要な情報を、リンク先の画面に表示する場合があります。しかし、リンク先に重要な情報があることが不明確だと、消費者は重要事項を見落としたまま取引する可能性があります。そうなると、結果的に優良誤認表示を行ったことになってしまうおそれがあります。したがって、リンク先に、重要事項を表示する場合は、リンク先に何が表示されているか具体的に記載します。消費者が見落とさないように、目につくような色、大きさの文字で表示し、リンクは関連情報の近くに配置するようにします。

③ 情報の更新について

インターネット上で商品の広告を行う際には、ホームページなどに情報の更新日が書かれていないと、商品説明・広告が、いつの時点のものであるかがわからなくなります。もし消費者が古い情報を新しい

ものと誤解して取引をすれば、結果として優良誤認表示になるおそれがあります。

したがって、情報を更新する際には、最新の更新日時と変更箇所を正確かつわかりやすく表示します。また、時間の経過によって、書いた内容が事実と異なってしまった場合には、すぐに内容を修正します。

● 不当表示の分類と表示の種類

不 当 表 示

● **商品・サービスを購入してもらうために行われる不当表示を規制**

① 優良誤認
　品質・規格・その他の内容に関して不当に表示した場合
② 有利誤認
　価格・その他の取引条件に関して不当に表示した場合
③ その他誤認されるおそれのある表示
　内閣総理大臣が消費者に誤認されるおそれがあるものとして指定した場合

● **対象となる表示の種類**

・容器・パッケージ・ラベル
・看板・ポスター・ネオンサイン
・説明書・パンフレット・チラシ・見本
・新聞・雑誌・出版物・テレビやラジオの放送
・実演販売による広告・店頭での陳列（ディスプレイ）
・訪問による販売・電話によるセールス
・ダイレクトメール・ファックス送信による広告
・ホームページ・メール

※訪問・電話でのセールスなどの口頭表示も不当表示の対象となる

8 権利侵害にはどのように対処すべきなのか

警告書を送り相手方の反応を確かめる

■権利を二重に取得できる場合もある

　新しい技術を開発したり、独創的なデザインを作り出した場合には、それらは知的財産権として保護されます。このとき、一つの知的財産権だけでなく、二つ以上の知的財産権によって保護される場合があります。二つ以上の知的財産権により保護される場合には、それぞれの権利の種類に応じて申請や登録をする必要があります。

　新しい時計を開発した場合を例にとって説明します。全く新しい技術により正確に時刻を表示できる時計を開発した場合には、特許権の対象となります。また、その時計が独創的なデザインをしている場合には、意匠権の対象となります。

　つまり、この時計を開発した者は、特許権と意匠権を取得する可能性があります。そのため、特許権と意匠権の一方だけの保護を考えていると、もう一方の権利を他人に取得されてしまい、トラブルの原因となってしまいます。

　知的財産権による保護を考える場合には、複数の知的財産権による保護の対象となっていないかを検討することが必要です。

■侵害されていることを発見したらどうする

　自分の知的財産権が侵害されていることを発見した場合、まずは権利が侵害されていることを証明するための証拠を集めることが必要です。知的財産権を侵害している商品を発見した場合にはそれを入手します。既に店で販売されている商品であれば、それを購入することになります。

また、本当に自分の知的財産権が侵害されているのかどうかを改めて確認する必要があります。たとえば、問題となっている知的財産権が特許権ならば、その商品を分解して自分の特許権を侵害するような技術を用いているかどうかを確認します。

　自分の知的財産権の権利の範囲を確認することも必要です。たとえば、自分が登録している意匠と類似しているが全く同じではない商品を第三者が販売している場合、第三者が販売している商品が意匠権を侵害しているかどうかの判断は極めて困難であるといえます。そのため、専門家である弁理士や弁護士にアドバイスを受けることも必要になります。

■ 警告書を出し、訴訟を起こす

　自分の知的財産権が侵害されている場合には、知的財産権を侵害している相手方に対して警告書を送ります。警告書には、知的財産権を侵害している相手の商品等の名称、侵害されている知的財産権の種類、警告書に対する回答の期限などを記載します。

　知的財産権が侵害されたことに対していきなり訴訟を提起することも考えられますが、訴訟を行うと費用や時間がかかるので、まずは話し合いによる解決をめざすために**警告書**を送付します。

　なお、警告書を送った場合、相手方が知的財産権の侵害を認め、一定の金銭を払うことで知的財産権の使用の許諾を求める旨の回答が得られる可能性があります。このような回答があることを想定して、一定の金銭を受け取ることで知的財産権の使用を許すかどうかを決めておく必要があります。

　話し合いによる解決ができない場合、訴訟を行うことになります。訴訟では証拠が重要になるので、知的財産権の侵害を発見した段階から証拠を集めておくことが必要です。

書式　商標権侵害に対して警告する場合

商標使用中止の請求書

　平成○年７月頃から、貴社は貴社商品の加工野菜の販売において、新たに「やまな」との商標を用いはじめました。しかし当社は後掲の商標権を有しており、当社の登録商標「山菜」と、貴社が使用する「やまな」は称呼において類似すると考えられ、かつ、貴社商品が当社の上記登録商標の指定商品に含まれると認められるので、貴社の右商標使用は、当社保有の商標権を侵害すると解せられます。

　よって、同商標権に基づき、直ちに上記商品の販売を中止するように請求します。

（商標権の表示）
　　商標登録番号第９８７６５４号
　　商標名　　　山菜
　　指定商品　　第２９類「加工野菜」

平成○年９月１０日
　　　　東京都○○区○○１丁目２番３号
　　　　株式会社鶴亀貿易
　　　　　　　　　　　　代表取締役　鶴亀一郎　印
　　　　東京都○○区○○２丁目３番４号
　　　　株式会社松竹物産
　　　　代表取締役　松竹太郎　殿

9 権利侵害には法的手段で対抗する

民事上・刑事上の手続をとる

■ 民事上と刑事上の対抗手段がある

　許諾なく他人が商標を使用した場合、いくつかの手段によって対処することができます。まず内容証明郵便（245ページ）などにより、穏当に使用の差止めなどを求め、それでも侵害行為が続くようなら、訴訟を提起するなどの法的措置をとりましょう。

　民事上の手続としては、差止請求、金銭の請求、信用回復措置の請求ができます。

　登録商標の侵害に対しては、商標の使用差止めと将来の予防を請求できます（差止請求）。商標登録されていなくても、「不正競争防止法」に基づいて差止請求をすることができる場合があります。

　また、許諾なき商標の使用により侵害者が利益を得、一方で商標権者に損害・損失が生じている場合には、金銭の支払を請求することができます。根拠は、民法709条の不法行為に基づく損害賠償請求権、民法703条の不当利得返還請求権です。商標法では、侵害者の過失や損害額について推定規定があります。そのため、請求をする際の証明は楽になっています。なお、商標登録されていない場合でも、不正競争防止法により損害賠償請求・不当利得返還請求ができる場合があります。

　さらに、他人に商標を使用されると、商標権者の社会的信用も害されます。そこで、商標権者は信用回復のために、謝罪文掲載などの信用回復措置を請求することもできます。

　この他、商標権侵害を行った者に対しては、10年以下の懲役または1000万円以下の罰金（法人は3億円以下の罰金）が科されます。原則

として、検察が捜査にあたって刑事裁判を行うかどうかを判断します。商標権の侵害を受けた者は、告訴をすることができます。

■ 差止請求

　自分の商標権が侵害された場合には、商標を侵害している者に対して、侵害行為を止めるよう差止請求ができます。

　どのような行為が商標権の侵害となるかについて商標法で規定されています。たとえば、既に登録されている商標と類似する商標を用いる行為や、既に登録されている商標を表示する製品を製造するための機械を入手する行為などが、商標の侵害行為とみなされます。

　なお、差止請求については、民事保全法にもとづく差止請求をすることも可能です。ただし、通常は、商標権侵害に対しては商標法に基づく差止請求を行います。

■ 損害賠償請求

　商標権を侵害された者は、商標権を侵害している者に対して損害賠償請求をすることができます。

　損害賠償請求をするためには、商標権を侵害している者に過失があることが必要です。ただ、商標権を侵害する行為がなされていれば、過失はあるものと推定されます。また、商標権を侵害した者が得た利益の額に応じて、商標権侵害により受けた損害の額が推定されます。

■ 不当利得請求

　商標権を侵害された者は、民法で規定されている不当利得返還請求権を行使して、商標権を侵害している者に対して金銭を請求することができます。商標権を侵害している者は、商標権侵害という違法な行為により、不当な利益を得ているからです。

　ただ、商標権侵害を根拠とした請求をする場合、通常は商標法の規

定を用いた請求を行います。そのため、通常は、民法の不当利得返還請求権を単独で行使することはありません。

■ その他こんなこともできる

商標権を侵害された者は、商標権を侵害した者に対して謝罪広告を新聞に掲載するよう請求できます。基本的には、商標権侵害に対しては差止請求や損害賠償請求をすることで対応しますが、それだけでは損害の回復のために不十分な場合には、謝罪広告の掲載などを請求します。

また、商標権を侵害した者に対しては刑事罰が科されます。原則として、検察による捜査をもとにして刑事罰を科すかどうかが決まりますが、商標権を侵害された者は告訴を行うことで検察による捜査を促すことができます。

● 商標権侵害に対する法的な対抗手段

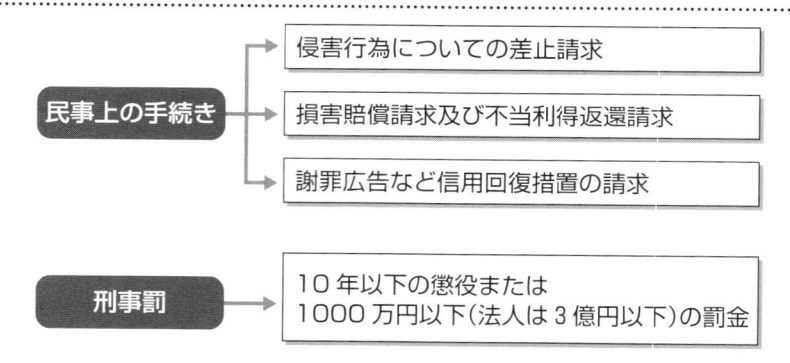

民事上の手続き	侵害行為についての差止請求
	損害賠償請求及び不当利得返還請求
	謝罪広告など信用回復措置の請求

刑事罰	10年以下の懲役または1000万円以下（法人は3億円以下）の罰金

10 海外で侵害を受けた場合にはどうしたらよいのか

日本だけでなく国外でも知的財産権は侵害される

■ 侵害行為は国内だけとは限らない

　知的財産権に対する侵害は、国内でだけ起こるとは限りません。自分が所有している知的財産権を無断で用いる行為は、海外でなされる可能性も十分にあります。

　たとえば、中国にあるテーマパークでは、日本やアメリカで生み出されたアニメのキャラクターに酷似した人形などが用いられていたことがありました。このような明確な知的財産権の侵害の事例は珍しいですが、知的財産権の侵害は世界中のどこでも起こる可能性があります。

■ 侵害を発見したらどうする

　原則として、知的財産権は国ごとに取得します。そのため、海外で知的財産権を主張する場合には、その国で知的財産権の申請・取得を行うことが必要です。知的財産権の取得手続をすませていなければ、その国で知的財産権の侵害を主張することはできません。

　知的財産権の取得手続をすませている場合には、まずは知的財産権が侵害されているという事実を証明する証拠を入手します。商品によって知的財産権が侵害されている場合には、その商品を購入する必要があります。また、その国の調査機関に依頼して証拠を収集することも検討します。

■ 侵害者に警告をする

　知的財産権侵害の証拠を集めた後に、それらの証拠に基づいて警告

書を送付します。警告書によって、知的財産権を侵害している商品の回収・破棄などを要求します。また、知的財産権侵害に基づく損害賠償の請求や、知的財産権の使用の対価としてのライセンス料を支払えば今後も相手が知的財産権を使用することを認める旨の通告も、警告書の送付によって行うことができます。

ただし、相手が明らかに警告書による要求に応じないことがわかっている場合などには、警告書を送付しても効果は薄いといえます。そのような場合には、いきなり訴訟を行うことを検討する必要があります。

■ どんな手段をとることができるのか

知的財産権が侵害されている場合には、訴訟により差止請求や損害賠償請求が可能です。また、知的財産権侵害を理由とした刑事告訴・告発が可能かどうかも検討します。

また、輸出禁止命令の発動を求めることも検討する必要があります。多くの国では、知的財産権を侵害している商品を輸出することを禁止しています。そのため、知的財産権を侵害している商品が輸出されることが判明した場合には、その国の国家機関に輸出禁止命令の発動を求めます。

ただ、海外の訴訟や行政手続の制度は日本の制度とは異なっています。そのため、どのような手段を用いるかについて、その国の専門家の意見を聞いて決定していくことが必要になります。

11 商標権侵害だと警告を受けたらどうする

警告書の内容が正しいかを見極めることが重要である

■ トラブルを回避するためにしておきたいこと

　商標をめぐるトラブルを避けるためには、自分が使おうとしている商標が他の人の商標権を侵害しないかを調べることが必要です。特許庁のホームページで提供されている「商標検索サービス」を利用すれば、現在どのような商標が使われているのかを調べることができます。

　ある商標を使用することが他の人の商標権を侵害するかどうかの判断は困難であり、特許庁の審査でも半年以上かかります。しかし、商標検索サービスを利用すれば、他の人の商標権を侵害するかどうかある程度は把握することができます。

■ もし警告書がきたらあわてずに確認しておくべきこと

　まず、警告書を送ってきた相手方が、本当に商標権を有しているかどうかを確認することが必要です。

　商標権の登録を行っていないか、登録をしていたとしても商標登録の更新をしておらず（原則として商標権の存続期間は10年です）、商標権が消滅しているにも関らず商標権侵害を警告されるケースがあります。そのため、相手が本当に商標権を有しているかを確認することが重要になります。

　特許庁に備え付けられている商標登録原簿を調べれば、誰が商標権者かを調べることができます。なお、商標が登録されていなくとも、商標登録出願がなされていれば、その経過について調査することができます。

■ どんな主張ができるか

　商標権を侵害しているとの警告に対しては、さまざまな形での反論をすることができます。以下では、具体的にどのような理由で反論するかを見ていきます。

　まず、自分の使用している商標が相手の商標と類似していないか、商品の内容が全く異なっているので商標権を侵害することにはならないと主張することが考えられます。

　自分が商標を使用する権利をもっていると主張することも考えられます。相手が商標登録をする前からその商標を自分が使用していた場合で、自分の使用する商標が一般に広く認知されているならば、商標に対する権利にもとづき、引き続き商標を使用することができます。

　商標権の効力が及ばないと主張することもできます。たとえば、自分の氏名や、商品の効能や用途を示すために普通に用いられる商標については、商標権の効力が及びません。ただし、その商標が普通に用いられているかどうかは専門的で難しいので慎重な判断が必要です。

　商標の登録が無効であると主張することも考えられます。警告をしてきた者の商標が誤って登録されている場合には、その商標は無効となります。商標の登録が無効ならば、商標権の侵害は行われてはいないと判断できます。

■ どのように回答すればよいのか

　まず、相手方の警告に対して迅速に回答する必要があります。通常、警告がされる場合には、「この警告書が到達したから2週間後までに回答せよ」というように期限が区切られているので、期限内に回答することを心がけなければなりません。

　もし、自分が相手の商標権を侵害していることが判明した場合には、速やかに陳謝し、商標の使用を止めることが必要です。この場合には、商標権の侵害は故意ではなく、過失（不注意）で行ってしまったとい

うことを回答します。また、相手の商標権を侵害している場合でも、商標の使用料を支払うことで解決できる可能性もあるので、使用料を支払う用意があると回答すべきかについても検討する必要があります。

調査の結果、相手方の商標権を侵害していないことが明らかならば、なぜ商標権を侵害していないかについて丁寧に説明する必要があります。ただし、商標権を侵害していない旨についてははっきりと主張します。

商標権を侵害していない旨を回答した場合には、相手方と話し合いの場をもつことになります。しかし、その話し合いがまとまらなければ、訴訟を提起し、裁判所に商標権の侵害の有無について判断してもらうことになります。警告書を受け取った段階で、訴訟になることも視野に入れて対応することが必要です。

● **商標権侵害に対する事前・事後の対策**

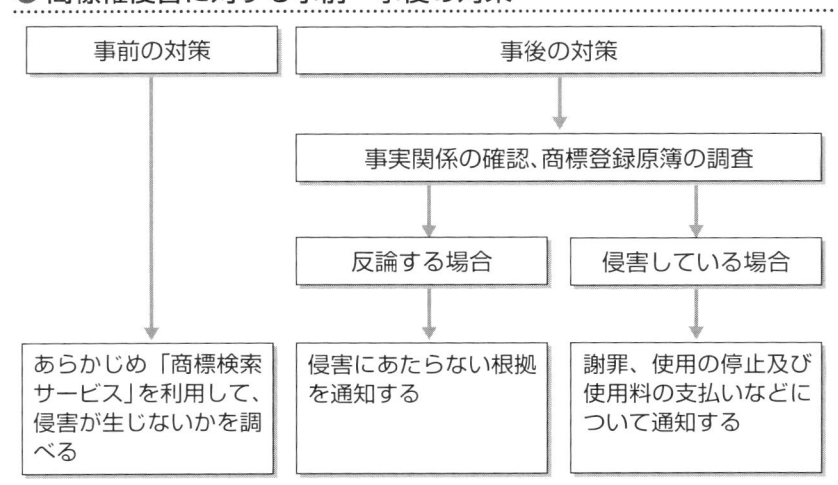

```
┌──────────────┐      ┌──────────────┐
│  事前の対策    │      │  事後の対策    │
└──────┬───────┘      └──────┬───────┘
       │                     ▼
       │        ┌────────────────────────────┐
       │        │ 事実関係の確認、商標登録原簿の調査 │
       │        └──────┬──────────────┬──────┘
       │               ▼              ▼
       │        ┌──────────┐   ┌──────────┐
       │        │ 反論する場合 │   │ 侵害している場合 │
       │        └─────┬────┘   └─────┬────┘
       ▼              ▼              ▼
┌──────────────┐ ┌──────────┐ ┌──────────────┐
│あらかじめ「商標検索│ │侵害にあたらない│ │謝罪、使用の停止及び│
│サービス」を利用して、│ │根拠を通知する │ │使用料の支払いなどに│
│侵害が生じないかを調│ │          │ │ついて通知する    │
│べる          │ │          │ │              │
└──────────────┘ └──────────┘ └──────────────┘
```

書式　商標権侵害の警告に対する回答書

回答書

　平成○年９月１０日付貴社より送付された「商標使用中止請求書」に対して、次の通り回答します。

　貴社は右文書の中で、当社の「やまな」が貴社登録商標と同一の指定商品であり、称呼が類似している旨を主張されておりましたが、特許庁発行『商標審査基準』等によれば、文字商標において、自然な称呼をフリガナとして付した場合には、不自然な称呼に商標権は生じないとされます。これを本件にあてはめると、貴社は「山菜」（さんさい）として商標登録しており、「やまな」は不自然な呼にあたります。また、「やまな」が地名に基づく造語であることも考慮すると、非類似と考えられます。

　よって当社は貴社商標を侵害していないので、使用中止の請求には応じられない旨回答致します。

平成○年１０月１日
　　　東京都○○区○○２丁目３番４号
　　　株式会社松竹物産
　　　　　　　　　　　　　代表取締役　松竹太郎　印
　東京都○○区○○１丁目２番３号
　株式会社鶴亀貿易
　代表取締役　鶴亀一郎　殿

12 内容証明郵便の書き方、出し方について知っておこう

法的効力はないが心理的プレッシャーを与えることができる

■ 内容証明郵便とは

　内容証明郵便は、誰が・いつ・どんな内容の郵便を・誰に送ったのか、を郵便局が証明してくれる特殊な郵便です。

　郵便物を発信した事実からその内容、さらには配達証明をつけることで、相手に配達されたことまで証明をしてもらえます。これは、後々訴訟になった場合に、強力な証拠になります。

　内容証明郵便は、受取人が1人の場合でも、同じ内容の文面の手紙を最低3通用意する必要があります。ただし、全部手書きである必要はなく、コピーでもOKです。郵便局ではそのうち1通を受取人に送り、1通を局に保管し、もう1通は差出人に返してくれることになっています。同じ内容の文面を複数の相手方に送る場合には、「相手方の数＋2通」用意することになります。用紙の指定はとくにありません。ワープロソフトで作成してもよいことになっています。

■ 1枚の用紙に書ける字数は決まっている

　内容証明郵便で1枚の用紙に書ける文字数には縦書き、横書き共に、制約があります（246ページの図表参照）。つまり、用紙1枚に520字までを最大限とするわけです。枚数に制限はありませんが、1枚増えるごとに料金が加算されます。

　使用できる文字は、ひらがな・カタカナ・漢字・数字です。英語は固有名詞に限り使用可能です。数字は算用数字でも漢数字でも使用できます。また、句読点や括弧なども1字と数えます。一般に記号として使用されている＋、－、％、＝なども使用できます。

なお、①、(2) などの丸囲み、括弧つきの数字は、文中の順序を示す記号として使われている場合は1字、そうでない場合は2字として数えます。用紙が2枚以上になる場合には、ホチキスや糊で綴じて、ページのつなぎ目に左右の用紙へまたがるように、差出人のハンコを押します（契印）。もちろん、差し替え防止のためです。

■ 郵便局へ持って行く

　同文の書面3通と、差出人・受取人の住所氏名を書いた封筒を受取人の数だけ持って、郵便局の窓口へ持参します。郵便局は、集配を行う郵便局と支局の指定した郵便局を選んでください。字数計算に誤りがあったときなどのために、訂正用印鑑を持っていくのがよいでしょう。郵便局に提出するのは、内容証明郵便の文書、それに記載された差出人・受取人と同一の住所氏名が書かれた封筒です。窓口で、書面に「確かに何日に受け付けました」という内容の証明文と日付の明記されたスタンプが押されます。その後、文書を封筒に入れて再び窓口に差し出します。引き替えに受領証と控え用の文書が交付されます。これは後々の証明になりますから、大切に保管しておいてください。

● 内容証明郵便の書き方

用　紙	市販されているものもあるが、特に指定はない。B4判、A4判、B5判が使用されている。
文　字	日本語のみ。かな（ひらがな、カタカナ）、漢字、数字（漢数字）、かっこ、句読点。外国語（英字）は不可（固有名詞に限り使用可）
文字数と行数	縦書きの場合　　：20字以内×26行以内 横書きの場合①：20字以内×26行以内 横書きの場合②：26字以内×20行以内 横書きの場合③：13字以内×40行以内
料　金	文書1枚（420円）＋ 郵送料（80円）＋ 書留料（420円）＋ 配達証明料（差出時300円）＝1220円　文書が1枚増えるごとに250円加算

産業財産権関係料金一覧
（平成24年4月1日以降）

登録料

〔意匠登録料〕
　　第1年から第3年まで毎年　　　　8,500円
　　第4年から第20年まで毎年　　　　16,900円

〔商標登録料〕
　　商標（防護標章）登録料　　　　37,600円×区分数
　　　分納額（前期・後期支払分）　21,900円×区分数
　　防護標章更新登録料　　　　　　41,800円×区分数
　　商標権の分割申請　　　　　　　30,000円
　　更新登録申請　　　　　　　　　48,500円×区分数
　　　分納額（前期・後期支払分）　28,300円×区分数

出願料

〔意匠〕
・意匠登録出願　　　　　　　　　　16,000円
・秘密意匠の請求　　　　　　　　　5,100円

〔商標〕
・商標登録出願　　　　　　　　　　3,400円＋（区分数×8,600円）
・防護標章出願又は防護標章登録に基づく権利
　の存続期間更新登録出願　　　　　6,800円＋（区分数×17,200円）
・重複登録商標に係る商標権の存続
　期間の更新登録出願　　　　　　　12,000円

審判請求等

〔意匠〕
・審判（再審）請求　　　　　　　　55,000円
・判定請求　　　　　　　　　　　　40,000円
・裁定請求　　　　　　　　　　　　55,000円
・裁定取消請求　　　　　　　　　　27,500円

- 審判又は再審への当事者の参加申請　55,000円
- 審判又は再審への補助参加申請　　　16,500円

〔商標〕
- 審判（再審）請求　　　　　　　　　15,000円＋（区分数×40,000円）
- 商標（防護標章）登録異議申立　　　 3,000円＋（区分数×8,000円）
- 商標（防護標章）登録異議申立の審理
  　　への参加申請　　　　　　　　　 3,300円
- 判定請求　　　　　　　　　　　　　40,000円
- 審判又は再審への当事者の参加申請　55,000円
- 審判又は再審への補助参加申請　　　16,500円

その他の手数料

- 特許法等関係手数料

1) 期間の延長、期日の変更　　　　　2,100円

2) 登録証の再交付請求　　　　　　　4,600円

3) 承継の届出（名義変更）　　　　　4,200円

4) 証明の請求
　　窓口請求　　　　　　　　　　　1,400円
　　オンライン請求　　　　　　　　1,100円

5) 書類の閲覧請求　　　　　　　　　1,500円

6) 原簿の閲覧請求　　　　　　　　　　300円

7) ファイル記録事項記載書類の閲覧請求
　　窓口請求　　　　　　　　　　　　900円
　　オンライン請求　　　　　　　　　600円

8) 磁気原簿記録事項の閲覧
　　窓口請求　　　　　　　　　　　　800円
　　オンライン請求　　　　　　　　　600円

9) 書類謄本の交付　　　　　　　　　1,400円

10）原簿謄本の交付　　　　　　　　350円

11）ファイル記録事項掲載書類の交付請求
　　　窓口請求　　　　　　　　　　　1,100円
　　　オンライン請求　　　　　　　　　800円

12）登録事項（磁気原簿）記録書類の交付請求
　　　窓口請求
　　　　（利害関係確認が不要な場合）　1,100円
　　　　（利害関係確認が必要な場合）　1,400円
　　　オンライン請求　　　　　　　　　800円

13）磁気ディスクへの記録　　　　　1,200円＋ページ数×700円

・弁理士試験受験手数料
　　弁理士試験受験手数料　　　　　12,000円

・国際登録出願関係手数料
1）国際登録出願　　　　　　　　　　9,000円
2）事後指定　　　　　　　　　　　　4,200円
3）存続期間の更新の申請　　　　　　4,200円
4）名義人の変更の記録の申請　　　　4,200円

商標法第5条第3項に規定する標準文字

SP	、	。	,	.	・	!	ゝ	ゞ	々	ー	‐	～	'	"	(	)	〔	〕	[	]	「	」
＋	－	％	＆	＠																		
ぁ	あ	ぃ	い	ぅ	う	ぇ	え	ぉ	お	か	が	き	ぎ	く	ぐ	け	げ	こ	ご	さ	ざ	し
じ	す	ず	せ	ぜ	そ	ぞ	た	だ	ち	ぢ	っ	つ	づ	て	で	と	ど	な	に	ぬ	ね	の
は	ば	ぱ	ひ	び	ぴ	ふ	ぶ	ぷ	へ	べ	ぺ	ほ	ぼ	ぽ	ま	み	む	め	も	ゃ	や	ゅ
ゆ	ょ	よ	ら	り	る	れ	ろ	ゎ	わ	ゐ	ゑ	を	ん	0	1	2	3	4	5	6	7	8
9	A	B	C	D	E	F	G	H	I	J	K	L	M	N	O	P	Q	R	S	T	U	V
W	X	Y	Z	a	b	c	d	e	f	g	h	i	j	k	l	m	n	o	p	q	r	s
t	u	v	w	x	y	z	ァ	ア	ィ	イ	ゥ	ウ	ェ	エ	ォ	オ	カ	ガ	キ	ギ	ク	グ
ケ	ゲ	コ	ゴ	サ	ザ	シ	ジ	ス	ズ	セ	ゼ	ソ	ゾ	タ	ダ	チ	ヂ	ッ	ツ	ヅ	テ	デ
ト	ド	ナ	ニ	ヌ	ネ	ノ	ハ	バ	パ	ヒ	ビ	ピ	フ	ブ	プ	ヘ	ベ	ペ	ホ	ボ	ポ	マ
ミ	ム	メ	モ	ャ	ヤ	ュ	ユ	ョ	ヨ	ラ	リ	ル	レ	ロ	ヮ	ワ	ヰ	ヱ	ヲ	ン	ヴ	ヵ
ヶ																						

1　平成9年2月24日に指定された漢字については、JIS規格（X0208－1983）の第1水準及び第2水準である。また、平成15年7月1日に指定された漢字「凜」、「熙」及び平成16年12月24日に指定された文字「、」、「。」、「！」、「ゝ」、「～」、「'"」、「(」、「)」、「〔」、「〕」、「[」、「]」、「「」、「」」、「＋」、「－」、「％」、「＠」については、JIS規格（X0208－1997）の文字である。

2　一覧表中「SP」とあるのは、1文字分の空白（スペース）を示す。

3　詳しくは特許庁ホームページ（http://www.jpo.go.jp/indexj.htm）を参照。

商品・役務区分表

第1類	工業用、科学用または農業用の化学品
第2類	塗料、着色料及び腐食の防止用の調製品
第3類	洗浄剤及び化粧品
第4類	工業用油、工業用油脂、燃料及び光剤
第5類	薬剤
第6類	卑金属及びその製品
第7類	加工機械、原動機（陸上の乗物用のものを除く）その他の機械
第8類	手動工具
第9類	科学用、航海用、測量用、写真用、音響用、映像用、計量用、信号用、検査用、救命用、教育用、計算用または情報処理用の機械器具、光学式の機械器具及び電気の伝導用、電気回路の開閉用、変圧用、蓄電用、電圧調整用または電気制御用の機械器具
第10類	医療用機械器具及び医療用品
第11類	照明用、加熱用、蒸気発生用、調理用、冷却用、乾燥用、換気用、給水用または衛生用の装置
第12類	乗物その他移動用の装置
第13類	火器及び火工品
第14類	貴金属、貴金属製品であって他の類に属しないもの、宝飾品及び時計
第15類	楽器
第16類	紙、紙製品及び事務用品
第17類	電気絶縁用、断熱用または防音用の材料及び材料用のプラスチック
第18類	革及びその模造品、旅行用品並びに馬具
第19類	金属製でない建築材料
第20類	家具及びプラスチック製品であって他の類に属しないもの
第21類	家庭用または台所用の手動式の器具、化粧用具、ガラス製品及び磁器製品
第22類	ロープ製品、帆布製品、詰物用の材料及び織物用の原料繊維
第23類	織物用の糸
第24類	織物及び家庭用の織物製カバー
第25類	被服及び履物

第26類	裁縫用品	
第27類	床敷物及び織物製でない壁掛け	
第28類	がん具、遊戯用具及び運動用具	
第29類	動物性の食品及び加工した野菜その他の食用園芸作物	
第30類	加工した植物性の食品（他の類に属するものを除く）及び調味料	
第31類	加工していない陸産物、生きている動植物及び飼料	
第32類	アルコールを含有しない飲料及びビール	
第33類	ビールを除くアルコール飲料	
第34類	たばこ、喫煙用具及びマッチ	
第35類	広告、事業の管理または運営、事務処理及び小売又は卸売の業務において行われる顧客に対する便益の提供	
第36類	金融、保険及び不動産の取引	
第37類	建設、設置工事及び修理	
第38類	電気通信	
第39類	輸送、こん包及び保管並びに旅行の手配	
第40類	物品の加工その他の処理	
第41類	教育、訓練、娯楽、スポーツ及び文化活動	
第42類	科学技術または産業に関する調査研究及び設計並びに電子計算機またはソフトウェアの設計及び開発	
第43類	飲食物の提供及び宿泊施設の提供	
第44類	医療、動物の治療、人または動物に関する衛生及び美容並びに農業、園芸または林業に係る役務	
第45類	冠婚葬祭に係る役務その他の個人の需要に応じて提供する役務（他の類に属するものを除く）、警備及び法律事務	

新旧意匠分類／大分類（抜粋）

旧分類

グループ	グループの表示	大分類	大分類の表示
A	製造食品及び嗜好品	A0	A1 に属さないその他の製造食品及び嗜好品
		A1	製造食品及び嗜好品
B	衣服及び身の回り品	B0	B1〜B9 に属さないその他の衣服及び身の回り品
		B1	衣服
		B2	服飾品
		B3	身の回り品
		B4	かばん又は携帯用袋物等
		B5	履物
		B6	喫煙用具及び点火器
		B7	化粧用具又は理容用具
		B9	衣服及び身の回り品汎用部品及び付属品
C	生活用品	C0	C1〜C7 に属さないその他の生活用品
		C1	寝具、床敷物、カーテン等
		C2	室内装飾品
		C3	清掃用具、洗濯用具等
		C4	家庭用保健衛生用品
		C5	飲食用容器又は調理用容器
		C6	飲食用具及び調理用器具
		C7	慶弔用品
D	住宅設備用品	D0	D1〜D5 に属さないその他の住宅設備用品
		D1	室内小型整備用具
		D2	家具
		D3	電球及び照明器具
		D4	暖冷房機器又は空調換気機器
		D5	厨房設備用品及び衛生設備用品
E	趣味娯楽用品及び運動競技用品	E0	E1〜E4 に属さないその他の趣味娯楽用品及び運動競技用品
		E1	おもちゃ
		E2	遊戯娯楽用品
		E3	運動競技用品
		E4	楽器
F	事務用品及び販売用品	F0	F1〜F5 に属さないその他の事務用品及び販売用品
		F1	教習具、書画用品等
		F2	筆記具、事務用具等
		F3	事務用紙製品、印刷物等
		F4	包装紙、包装用容器等
		F5	広告用具、表示用具及び商品陳列用具
G	運輸又は運搬機械	G0	G1〜G4 に属さないその他の運輸又は運搬機械
		G1	運搬、昇降又は貨物取扱い用機械器具
		G2	車両
		G3	船舶
		G4	航空機

改正新分類

グループ	グループの表示	大分類	大分類の表示
A	製造食品及び嗜好品	A0	A1に属さないその他の製造食品及び嗜好品
		A1	製造食品及び嗜好品
B	衣服及び身の回り品	B0	B1～B9に属さないその他の衣服及び身の回り品
		B1	衣服
		B2	服飾品
		B3	身の回り品
		B4	かばん又は携帯用袋物
		B5	履物
		B6	喫煙用具及び点火器
		B7	化粧用具又は理容用具
		B9	衣服及び身の回り品汎用部品及び付属品
C	生活用品	C0	C1～C7に属さないその他の生活用品
		C1	寝具、床敷物、カーテン等
		C2	室内装飾品
		C3	清掃用具、洗濯用具等
		C4	家庭用保健衛生用品
		C5	飲食用容器又は調理用容器
		C6	飲食用具及び調理用器具
		C7	慶弔用品
D	住宅設備用品	D0	D3～D9に属さないその他の住宅設備用品
		D3	発光具及び照明器具
		D4	暖冷房機又は空調換気機器
		D5	厨房設備用品及び衛生設備用品
		D6	室内整理用家具・用具
		D7	家具
		D9	住宅設備汎用部品及び付属品
E	趣味娯楽用品及び運動競技用品	E0	E1～E4に属さないその他の趣味娯楽用品及び運動競技用品
		E1	おもちゃ
		E2	遊戯娯楽用品
		E3	運動競技用品
		E4	楽器
F	事務用品及び販売用品	F0	F1～F5に属さないその他の事務用品及び販売用品
		F1	教習具、書画用品等
		F2	筆記具、事務用具等
		F3	事務用紙製品、印刷物等
		F4	包装紙、包装用容器等
		F5	広告用具、表示具及び商品陳列用具
G	運輸又は運搬機械	G0	G1～G4に属さないその他の運輸又は運搬機械
		G1	運搬、昇降又は貨物取扱い用機械器具
		G2	車両
		G3	船舶
		G4	航空機

事務所のご紹介

法律事務所オーセンス

　「すべての依頼者に最良のサービスを。」を理念とし、2005年1月に創設された総合法律事務所。現在弁護士11名はじめ所員57名が所属する。国内有数の大手法律事務所において中核を担っていた弁護士を中心に、企業法務や訴訟の経験が豊富で優秀な人材が所属。上場企業・中小企業・外資系企業の活動に関するさまざまな法律分野について専門的助言を行っている。
　また、公認会計士・税理士・弁理士・司法書士など、他の専門職種との連携できる体制も整え、"最良"のサービスにふさわしいクオリティを追求している。

共同監修者一覧

木村　光伸（きむら　みつのぶ）
96年専修大学法学部卒業。98年専修大学大学院法学研究科修士課程修了。03年弁護士登録。同年、原山法律事務所入所。08年法律事務所オーセンス入所。主な監修書に『会社役員の法律常識と実務』『事業再編の法律と実務手続き』『株式会社の定款・議事録の作り方と最新フォーマット49』がある。
取扱分野：企業法務全般、会社訴訟案件、一般民事案件、各種契約案件、訴訟案件

池田　康太郎（いけだ　こうたろう）
01年立教大学社会学部社会学科卒業。06年上智大学法科大学院卒業。07年弁護士登録。08年法律事務所オーセンス入所。主な監修書に『初級ビジネスコンプライアンス』『会社役員の法律常識と実務』『事業再編の法律と実務手続き』『株式会社の定款・議事録の作り方と最新フォーマット49』がある。
取扱分野：企業法務全般、IT関連企業法務、知的財産法、スポーツ・エンターテイメント法務、各種契約案件、訴訟案件

森田　雅也（もりた　まさや）
03年千葉大学法経学部法学科卒業。07年上智大学法科大学院卒業。08年弁護士登録。同年、中央総合法律事務所入所。10年法律事務所オーセンス入所。主な監修書に『会社役員の法律常識と実務』『事業再編の法律と実務手続き』『株式会社の定款・議事録の作り方と最新フォーマット49』がある。
取扱分野：企業法務全般、不動産案件、一般民事案件、各種契約案件、訴訟案件

安部　直子（あべ　なおこ）
03年創価大学法学部卒業。06年創価大学法科大学院卒業。08年弁護士登録。同年、中村文隆法律事務所入所。12年法律事務所オーセンス入所。
取扱分野：企業法務全般、不動産案件、一般民事案件、各種契約案件、訴訟案件

大久保　八州彦（おおくぼ　やすひこ）
05年神戸大学法学部卒業。08年神戸大学法科大学院卒業。11年弁護士登録。同年、法律事務所オーセンス入所。主な監修書に『会社役員の法律常識と実務』『事業再編の法律と実務手続き』『株式会社の定款・議事録の作り方と最新フォーマット49』がある。
取扱分野：企業法務全般、不動産案件、一般民事案件、各種契約案件、訴訟案件

岩沙　好幸（いわさ　よしゆき）
05年慶應義塾大学経済学部卒業。08年首都大学東京法科大学院卒業。09年国家公務員Ⅰ種試験合格。10年弁護士登録。同年、法律事務所オーセンス入所。主な監修書に『会社役員の法律常識と実務』『事業再編の法律と実務手続き』『株式会社の定款・議事録の作り方と最新フォーマット49』がある。
取扱分野：企業法務全般、不動産案件、一般民事案件、各種契約案件、訴訟案件

永井　公成（ながい　まさしげ）
06年中央大学法学部政治学科卒業。09年早稲田大学大学院法務研究科修了。10年弁護士登録。11年法律事務所オーセンス入所。主な監修書に『会社役員の法律常識と実務』『事業再編の法律と実務手続き』『株式会社の定款・議事録の作り方と最新フォーマット49』がある。
取扱分野：企業法務全般、不動産案件、一般民事案件、各種契約案件、訴訟案件

平沼　夏樹（ひらぬま　なつき）
06年京都大学総合人間学部人間学科卒業。10年立教大学法務研究科2年短縮コース卒業。11年弁護士登録。11年法律事務所オーセンス入所。主な監修書に『株式会社の定款・議事録の作り方と最新フォーマット49』がある。取扱分野：企業法務全般、不動産案件、一般民事案件、各種契約案件、訴訟案件

西尾　公伸（にしお　あきのぶ）
07年中央大学法学部法律学科卒業。10年大阪市立大学法学研究科（未修）卒業。11年弁護士登録。11年法律事務所オーセンス入所。主な監修書に『株式会社の定款・議事録の作り方と最新フォーマット49』がある。取扱分野：企業法務全般、不動産案件、一般民事案件、各種契約案件、訴訟案件

谷田部　真彰（やたべ　まさあき）
07年早稲田大学法学部中退（飛び級）。10年慶應義塾大学法科大学院卒業。11年弁護士登録。11年法律事務所オーセンス入所。主な監修書に『株式会社の定款・議事録の作り方と最新フォーマット49』がある。
取扱分野：企業法務全般、不動産案件、一般民事案件、各種契約案件、訴訟案件

【代表監修者】
元榮　太一郎（もとえ　たいちろう）

法律事務所オーセンス・代表弁護士。1975年米国シカゴ生まれ。98年慶應義塾大学法学部法律学科卒業。99年司法試験合格。01年弁護士登録。同年、アンダーソン・毛利法律事務所（現アンダーソン・毛利・友常法律事務所）入所、M&A、金融など、最先端の企業法務に従事。05年に独立開業し法律事務所オーセンス設立。第二東京弁護士会・弁護士業務センター副委員長、日本弁護士連合会　弁護士業務改革委員会　弁護士紹介制度検討プロジェクトチーム　幹事。国内最大級の法律相談ポータルサイト「弁護士ドットコム」（http://www.bengo4.com/）を運営するオーセンスグループ株式会社・代表取締役社長も務める。
主な著書・監修書に『刑事と民事』（幻冬舎新書）、『会社の法律がなんでも分かる本』（日本実業出版社）、『初級ビジネスコンプライアンス』（東洋経済新報社）、『図解とQ&Aでわかる　会社役員【取締役・監査役】の法律常識と実務』『事業再編【合併・分割・売却・事業譲渡・清算】の法律と実務手続き』『株式会社の定款・議事録の作り方と最新フォーマット49』『すぐに使える【最新】基本法律用語辞典』『図解で早わかり　最新版　会社法務』『すぐに役立つ　1人で出来る　裁判・訴訟の手続きと書式サンプル64』『【最新】開業・許認可手続きの法律と申請書式60』（小社刊）他多数。

〒106-0032
東京都港区六本木4-1-4　黒崎ビル7階　法律事務所オーセンス
代表弁護士　元榮　太一郎
TEL：03-3585-2666（代表）　FAX：03-3585-2667（代表）
e-mail：authense-info@authense.jp　URL：http://www.authense.jp/

事業者必携
権利侵害を許さない　商標・商号・意匠・ドメインの法律と手続き

2012年11月10日　第1刷発行

監修者	元榮太一郎
発行者	前田俊秀
発行所	株式会社三修社
	〒150-0001　東京都渋谷区神宮前2-2-22
	TEL　03-3405-4511　FAX　03-3405-4522
	振替　00190-9-72758
	http://www.sanshusha.co.jp
	編集担当　北村英治
印刷・製本	萩原印刷株式会社

©2012 T. Motoe Printed in Japan
ISBN978-4-384-04521-5 C2032

®〈日本複製権センター委託出版物〉
本書を無断で複写複製（コピー）することは、著作権法上の例外を除き、禁じられています。本書をコピーされる場合は事前に日本複製権センター（JRRC）の許諾を受けてください。
JRRC（http://www.jrrc.or.jp　e-mail：info@jrrc.or.jp　電話：03-3401-2382）